Mediterrane Küche

Sonderausgabe der Naumann & Göbel Verlagsgesellschaft mbH
in der VEMAG Verlags- und Medien Aktiengesellschaft, Köln
Alle Rechte bei Gruner + Jahr AG & Co., Hamburg
Redaktion: Sabine Zarling
Art Director: Christian Talla
Layout: Heike Diem
Rezepte: Versuchsküche essen & trinken/ schöner essen
Styling: Renate Gerber, Günther Meierdiercks, Michaela Suchy
Schlussredaktion: Karin Schanzenbach
Bildbearbeitung: Jutta Wolf
Projektleitung: Dr. Felix Friedlaender
Rezeptfotos: Heino Banderob, Matthias Haupt, Dietrich Ruhde, Richard Stradtmann
Reportagefotos: S. 4/5, S.24/25, S. 44/45, S.92/93, S. 120/121 Joerg Lehmann/ inside city,
S. 34/35 Owen Franken, S. 80/81 Zoltan Nagy, S. 108/109 Bernd Euler
Titelgestaltung: Naumann & Göbel
Gesamtherstellung: Naumann & Göbel Verlagsgesellschaft mbH, Köln
Alle Rechte vorbehalten
ISBN: 3-625-10986-7

essen &
trinken

Mediterrane Küche

NAUMANN & GÖBEL

Inhalt

Vorspeisen   6

Suppen und Eintöpfe   24

Salate   34

Fisch und Meeresfrüchte   44

Gemüse   60

Fleisch   80

Pasta, Polenta und Co   92

Geflügel und Wild   108

Süßes   120

Katalanische Party   130

Griechische Party   140

Marokkanische Party   148

Register   158

Vorspeisen

Antipasti, Tapas oder
Mezze, die kleinen
Gerichte vor dem Haupt-
gang, sind in der Mittel-
meerregion besonders
beliebt. Meistens wählt
man nicht nur eine
Vorspeise, sondern eine
ganze Reihe kleiner
Genüsse aus Fleisch, Fisch
oder Gemüse. Und weil
frittierte Artischocken,
gefüllte Weinblätter und
mariniertes Rinderfilet
grandios schmecken, lädt
man seine Freunde
am besten gleich zu einem
opulenten Vorspeisen-
Buffet ein

Vorspeisen, die den Sommer in sich tragen: gratinierter grüner Spargel, frittierte Artischocken, gefüllte Zucchiniblüten, gefüllte Auberginen, Fladenbrot, Tomatensauce und Grüne Sauce. Entweder serviert man sie zusammen als kleine Gastlichkeit oder einzeln vor einem Menü. Rezepte ab Seite 10

Gratinierter grüner Spargel

Schlicht und dennoch beeindruckend: grüner Spargel, überbacken mit Käse-Semmelbröseln.

Für 4–6 Portionen:

500 g grüner Spargel
Salz, weißer Pfeffer
2 Knoblauchzehen
120 ml Olivenöl
50 g Semmelbrösel
40 g Parmesan (frisch gerieben)
5 Basilikumblätter

1. Von den Spargelenden etwa 1 cm abschneiden, die Stangen bis zum oberen Drittel dünn schälen. Spargel in Salzwasser aufkochen, vom Herd nehmen und 10 Minuten ziehen lassen, dann aus dem Wasser heben und auf einem Geschirrtuch abtropfen lassen. Spargel in eine feuerfeste Form oder auf eine feuerfeste Platte legen und mit Pfeffer würzen.

2. Knoblauch pellen und durchpressen. Im Olivenöl bei milder Hitze glasig dünsten und die Semmelbrösel einrühren. Diese Mischung auf dem Spargel verteilen und den Parmesan darüber streuen.

3. Spargel unter dem Backofengrill auf der 2. Einschubleiste von oben etwa 1–2 Minuten gratinieren. Vor dem Servieren die Basilikumblätter grob zerpflücken und darüber streuen.

Zubereitungszeit: 45 Minuten
Pro Portion (bei 6 Portionen)
4 g E, 18 g F, 8 g KH = 212 kcal (888 kJ)

Frittierte Artischocken

Gewöhnlich werden Artischocken gekocht, diese werden jedoch in Öl frittiert und mit Petersilien-Zitronen-Dressing serviert.

Für 8 Portionen:

3 Zitronen (unbehandelt)
8 kleine Artischocken (à 140 g)
1 kleines Bund glatte Petersilie
100 ml Olivenöl
Salz, Pfeffer
Öl zum Frittieren

1. 1 Zitrone vierteln, mit der Hand in eine Schüssel auspressen, mit kaltem Wasser auffüllen. Von den Artischocken das obere Drittel abschneiden. Die äußeren Blätter bis zum Boden abzupfen. Mit einem Kugelausstecher oder einem spitzen Löffel das Heu aus dem Inneren der Artischocken herausholen. Die Stiele bis auf 10 cm abschneiden und rundum schälen, so dass das weiße Fruchtfleisch sichtbar wird. Jede geputzte Artischocke sofort ins Zitronenwasser legen.

2. Petersilie von den Stielen zupfen und fein hacken. Zweite Zitrone auspressen, mit Petersilie und Olivenöl verrühren, mit Salz und Pfeffer würzen.

3. Artischocken mit dem Stiel nach oben zum Abtropfen auf ein Geschirrtuch stellen.

4. Frittieröl in einem hohen Topf oder einer Fritteuse auf 160 Grad erhitzen. Artischocken vorsichtig hineinlegen und 8–10 Minuten frittieren. Mit einer Schaumkelle herausheben und auf Küchenpapier abtropfen lassen. Mit Salz und Pfeffer würzen.

5. Zum Anrichten die frittierten Artischocken auf eine Platte legen, mit dem Petersilien-Zitronen-Dressing beträufeln, die letzte Zitrone in Spalten schneiden und dazulegen.

Zubereitungszeit: 50 Minuten
Pro Portion 2 g E, 18 g F, 3 g KH = 175 kcal (734 kJ)

Gefüllte Zucchiniblüten

Sieht wunderbar aus und schmeckt auch so: Im Inneren der Blüten befindet sich eine feine Fischfarce, drumherum ein knuspriger Teig.

Für 8 Portionen:

8 Zucchiniblüten
300 g frisches Thunfischfilet
4 Sardellenfilets
40 g Weißbrot (vom Vortag)
1 Eigelb
1 El Petersilie (gehackt)
1 Tl Thymianblättchen (gehackt)
Salz, weißer Pfeffer
50 g Mehl
1 Ei (getrennt)
50 ml Weißwein
Öl zum Frittieren

1. Von den Zucchiniblüten die Stielansätze abschneiden. Die Blüten vorsichtig öffnen, die Stempel abknipsen. Blüten beiseite legen.

2. Thunfisch und Sardellenfilets sehr fein hacken. Das Brot so klein wie möglich würfeln. Thunfisch, Sardellen, Brot, Eigelb, Petersilie und Thymian verrühren, herzhaft mit Salz und Pfeffer würzen. Die Farce in einen Spritzbeutel mit Lochtülle Nr. 12 füllen und vorsichtig in die Blüten spritzen. Blüten leicht an die Farce drücken.

3. Für den Backteig Mehl, Eigelb und Weißwein verrühren. Eiweiß mit 1 Prise Salz steif schlagen und vorsichtig unterheben.

4. Das Öl in einem hohen Topf oder in der Fritteuse auf 180 Grad erhitzen. Die Zucchiniblüten dünn mit dem Backteig überziehen (das geht am besten mit einem Pinsel), vorsichtig ins Öl gleiten lassen (nicht mehr als 4 Blüten gleichzeitig) und 4–5 Minuten frittieren. Herausnehmen und auf Küchenpapier abtropfen lassen. Restliche Zucchiniblüten ebenso frittieren. Zum Servieren die Blüten eventuell längs halbieren. Dazu passen Grüne Sauce und Tomatensauce (siehe folgende Rezepte).

Zubereitungszeit: 40 Minuten
Pro Portion 11 g E, 18 g F, 7 g KH = 234 kcal (980 kJ)

Gefüllte Auberginen

Richtig herzhaft schmecken die Auberginen mit einer pikanten Füllung aus Pilzen, Parmesan und Rosmarin.

Für 4–6 Portionen:

3 kleine Auberginen (à 200 g)
Salz
6 kleine Zweige Rosmarin
4 El Olivenöl
150 g Pfifferlinge
100 g rosa Champignons
Pfeffer
60 ml Buttermilch
3 Stiele Oregano
30 g Parmesan (frisch gerieben)
50 g Kichererbsenmehl
(aus Reformhäusern oder indischen Läden)
2 Eier
100 g Semmelbrösel
100 ml Öl zum Braten

1. Auberginen waschen, abtrocknen, längs halbieren und die Schnittflächen salzen. Rosmarinzweige und 2 El Olivenöl auf einem Backblech verteilen, die Auberginen mit der Schnittseite darauf legen. Auberginen im vorgeheizten Backofen bei 180 Grad (Gas 2–3, Umluft 25 Minuten bei 170 Grad) auf der 2. Einschubleiste von unten 25–30 Minuten braten. Aus dem Ofen nehmen und abkühlen lassen.

2. Pfifferlinge und Champignons putzen und grob würfeln. Aus den Auberginen mit einem Löffel das Fruchtfleisch herauslösen und fein hacken. Pilze im restlichen Olivenöl anbraten. Auberginenfleisch kurz mitbraten, salzen und pfeffern. Buttermilch dazugießen, einkochen, vom Herd ziehen und abkühlen lassen. Oreganoblätter von den Stielen zupfen und grob hacken. Mit dem Parmesan unter die Pilzmasse heben, in die ausgehöhlten Auberginenhälften füllen und leicht andrücken.

3. Zum Panieren die Auberginenhälften nacheinander in Kichererbsenmehl, verquirlten Eiern und zuletzt in den Semmelbröseln wenden, dabei die Füllung mit den Händen festhalten.

4. Öl in einer großen Pfanne erhitzen, Auberginenhälften darin bei milder Hitze rundum goldbraun braten. Zum Abtropfen auf ein Küchentuch legen, lauwarm mit den Saucen servieren.

Zubereitungszeit: 1 1/2 Stunden
Pro Portion (bei 6 Portionen)
9 g E, 22 g F, 19 g KH = 309 kcal (1294 kJ)

Grüne Sauce

Die kalte Sauce mit Kapern und drei unterschiedlichen Kräutern passt zu allen Vorspeisen.

Für 20 Portionen:

20 g Kapern in Meersalz (ersatzweise Kapern in Salzlake)
1 Bund glatte Petersilie
1 kleines Bund Sauerampfer
12 Borretschblätter
2 Knoblauchzehen
20 g Pinienkerne
3 Eigelb (hart gekocht)
3 El Weißweinessig
200 ml Olivenöl
Pfeffer, Salz

1. Kapern abspülen, 20 Minuten in kaltem Wasser einweichen, gut abtropfen lassen.

2. Petersilie, Sauerampfer und Borretsch waschen, abtropfen lassen, von den Stielen zupfen und grob hacken.

3. Knoblauch pellen und grob hacken. Pinienkerne in einer Pfanne ohne Fett anrösten.

4. Aus Kapern, Kräutern, Knoblauch, Pinienkernen, Eigelb, Essig und Olivenöl im Mixer eine Paste mixen, mit Pfeffer und wenig Salz würzen.

Zubereitungszeit: 20 Minuten
Pro Portion 1 g E, 10 g F, 1 g KH =
97 kcal (407 kJ)

Tomatensauce

Die Sauce aus Tomaten reicht man wie die Grüne Sauce zu den Vorspeisen.

Für 20 Portionen:

400 g Tomaten
2 Zweige Rosmarin
2 Stiele Thymian
3 Knoblauchzehen
150 ml Olivenöl
1 mittelgroße rote Peperoni
3 El Rotweinessig
1 Tl Tomatenmark
Salz, Pfeffer
Zucker
1 Sardellenfilet

1. Ein Backblech mit Alufolie auslegen. Tomaten waschen und abtropfen lassen. Rosmarin und Thymian auf der Folie ausbreiten, die Tomaten (mit dem Stielansatz nach unten) und die ungepellten Knoblauchzehen auf die Kräuterzweige legen. Mit 2 El Olivenöl beträufeln.

2. Tomaten im vorgeheizten Backofen bei 180 Grad (Gas 2–3, Umluft 15–20 Minuten bei 160 Grad) auf der 3. Einschubleiste von unten 25 Minuten garen. Aus dem Ofen nehmen, auskühlen lassen. Knoblauchzehen pellen und zerdrücken. Tomaten (ohne die Kräuter) durch ein Sieb streichen.

3. Peperoni längs halbieren, entkernen und fein würfeln. Im Mixer Knoblauch, Tomatenpüree, Essig, Tomatenmark, Salz, Pfeffer, 1 Prise Zucker und das Sardellenfilet zu einer Sauce mixen, dabei nach und nach das restliche Öl dazugießen. Zuletzt die Peperoniwürfel unterrühren.

Zubereitungszeit: 50 Minuten
Pro Portion 0 g E, 6 g F, 1 g KH =
59 kcal (248 kJ)

Fladenbrote

Als Beilage zu den Vorspeisen darf ofenfrisches und mit vielen Kräutern gewürztes Fladenbrot natürlich nicht fehlen.

Für 2 Fladenbrote:

250 g Backmischung (Panino)
1/2 Päckchen Trockenhefe
Mehl zum Bearbeiten, 1/2 Eiweiß
30 g Pinienkerne
1 Tl grobes Meersalz
1 Tl Fenchelsaat
1 El Rosmarinnadeln
10 Salbeiblätter, 2 El Olivenöl

1. Backmischung, Trockenhefe und 160 ml lauwarmes Wasser zu einem glatten Teig verkneten. Abgedeckt an einem warmen Platz 30 Minuten gehen lassen.

2. 2 Backbleche mit Backpapier auslegen. Den Teig nochmals durchkneten und in 2 gleich große Stücke teilen. Jedes Teigstück auf der bemehlten Arbeitsfläche zu einem 3 mm dünnen Fladen ausrollen. Je 1 Teigfladen auf je 1 Blech legen und sehr dünn mit Eiweiß bepinseln.

3. Pinienkerne, Meersalz, Fenchelsaat, Rosmarinnadeln und Salbeiblätter auf den Fladen verteilen und mit je 1 El Olivenöl beträufeln.

4. Die Fladen nacheinander im vorgeheizten Backofen bei 200 Grad (Gas 3) auf der 3. Einschubleiste von unten 15–20 Minuten backen (bei Umluft, 10–15 Minuten bei 180 Grad, können die Fladen gleichzeitig gebacken werden, müssen aber nach der Hälfte der Zeit die Plätze tauschen).

5. Fladenbrote etwas abkühlen lassen und zu den Vorspeisen servieren.

Zubereitungszeit: 1 Stunde
Pro Brot 19 g E, 19 g F, 100 g KH =
654 kcal (2734 kJ)

Gefüllte Weinblätter

Griechischer Klassiker: gefüllte Weinblätter mit Zitronenreisfüllung.

Für 8 Portionen:

1 Bund Frühlingszwiebeln
125 g Reis
1/8 l Olivenöl
je 1 Bund Dill und Minze
1 Tl Zucker
2 El Zitronensaft
1/4 l Geflügelbrühe
1 Dose ungefüllte Weinblätter
(250 g EW)
1 Zitrone (unbehandelt)
1 Tomate

1. Zwiebeln putzen, fein würfeln und mit dem Reis in 4 El Olivenöl glasig andünsten. Dill und Minze von den Stielen zupfen und hacken. Mit Zucker und Zitronensaft zum Reis geben. Mit Brühe auffüllen und zugedeckt bei milder Hitze ausquellen lassen.

2. Weinblätter für 1 Minute in kochendes Wasser geben, abgießen und abschrecken. Die Blätter abtropfen lassen und einzeln, etwa 32 Stück, auf Küchenpapier ausbreiten. Den ausgekühlten Reis jeweils als Häufchen auf die Blattmitte setzen und die Blätter zu kleinen Rouladen aufrollen.

3. Die Rouladen fest nebeneinander in einen Topf schichten. Mit restlichem Öl und 1/2 l Wasser bedecken, mit einem Teller beschweren und geschlossen 30 Minuten bei milder Hitze garen. Weinblätter auskühlen lassen und auf einem Teller anrichten.

4. Zitrone in Scheiben und Tomate in Spalten schneiden. Die gefüllten Weinblätter damit garnieren. Mit etwas Öl bedeckt lassen sie sich ein paar Tage im Kühlschrank aufheben.

Zubereitungszeit: 2 Stunden
Pro Portion 2 g E, 16 g F, 16 g KH = 214 kcal (898 kJ)

Blätterteigpizza mit Gorgonzola

Schnelle Pizza: Nur eine gute halbe Stunde braucht die würzige Pizza aus Blätterteig, Käse, Knoblauch und Salbei.

Für 4 Portionen:

1 Pk. TK-Blätterteig (450 g)
100 g Gorgonzola
100 g mittelalter Gouda
2–3 Knoblauchzehen
10–12 Salbeiblätter
Butter für die Form
Mehl für die Arbeitsfläche
schwarzer Pfeffer

1. Den Backofen auf 220 Grad (Gas 3–4, Umluft 200 Grad) vorheizen. Blätterteig nebeneinander legen und auftauen lassen. Gorgonzola in kleine Würfel schneiden. Gouda grob raspeln. Knoblauch pellen und fein hacken. Salbei in feine Streifen schneiden.

2. Eine Tarteform (28–30 cm Ø) leicht mit Butter ausfetten. Die Blätterteigplatten übereinander legen und auf einer bemehlten Arbeitsfläche auf die Größe der Tarteform ausrollen. Den Teig in die Form legen, dabei den Rand etwas andrücken. Teigboden mit einer Gabel mehrmals einstechen.

3. Gorgonzola, Gouda, Knoblauch und Salbei auf dem Teig verteilen und kräftig mit Pfeffer würzen. Die Pizza auf dem Backofenboden 15 Minuten backen. Danach auf die 2. Einschubleiste von unten stellen und mit zugeschaltetem Grill weitere 2–3 Minuten goldbraun überbacken. Die Pizza herausnehmen, etwas abkühlen lassen und servieren.

Zubereitungszeit: 35 Minuten
Pro Portion 19 g E, 44 g F, 45 g KH = 647 kcal (2706 kJ)

Vorspeisen, wie sie italienischer nicht sein könnten: süß-scharf eingelegter Porree, zartes Rinderfilet mit Tomaten-Minze-Sauce und goldgelb gebratene Calzonette mit Gemüsefüllung. Rezepte ab Seite 16

14

Marinierter Porree mit Chili und Korinthen

Süß, scharf und fruchtig, wie es die Sizilianer mögen: Porree in einer Marinade mit Korinthen, Chili und Orange.

Für 4–6 Portionen:

4 Stangen Porree (à 200 g)
Salz
15 g Pinienkerne
1/8 l Weißweinessig
3 El Zucker
15 g Korinthen
2 rote frische Chilischoten
1 El Orangenschale
(unbehandelt, in feinen Streifen)

1. Porree putzen, nur das Weiße und Hellgrüne verwenden und in 5 cm lange Stücke schneiden. 1 l Salzwasser zum Kochen bringen und den Porree darin 3 Minuten kochen, abschrecken und gut abtropfen lassen.

2. Pinienkerne in einer Pfanne ohne Fett anrösten. Weißweinessig mit 1/8 l Wasser, Zucker, Salz und Korinthen verrühren und 10 Minuten kochen lassen. Chilischoten entkernen und in feine Streifen schneiden. Mit der Orangenschale in den Sud geben und 5 Minuten mitkochen lassen.

3. Porree abtropfen lassen, in eine Schüssel geben und mit dem heißen Sud übergießen. Pinienkerne dazugeben und 1–2 Stunden marinieren.

Zubereitungszeit: 30 Minuten
(plus Marinierzeit)
Pro Portion (bei 6 Portionen)
3 g E, 2 g F, 10 g KH = 65 kcal (273 kJ)

Rinderfilet in Tomaten-Minze-Sauce

Leicht und frisch: rosa Rinderfiletscheiben, serviert mit Tomaten und Minze.

Für 4–6 Portionen:

10 El Olivenöl
400 g Rinderfilet
(aus der Mitte geschnitten)
Salz
400 g Tomaten
1 Zwiebel
1 kleines Bund glatte Petersilie
1 kleines Bund Minze
2–3 El Zitronensaft
Zucker
schwarzer Pfeffer

1. 2 El Olivenöl in einer Pfanne erhitzen. Das Rinderfilet mit Salz einreiben und rundherum im heißen Öl anbraten. Dann im vorgeheizten Backofen bei 140 Grad (Gas 1, Umluft 140 Grad) auf der 2. Einschubleiste von unten 15–20 Minuten garen.

2. Tomaten vierteln, entkernen und in kleine Würfel schneiden. Zwiebel pellen und fein würfeln. Einige Petersilien- und Minzeblättchen beiseite legen, die restlichen fein hacken. Tomaten- und Zwiebelwürfel, gehackte Petersilie und Minze mit dem restlichen Öl mischen. Mit Zitronensaft, 1 Prise Zucker, Pfeffer und Salz würzen und kalt stellen.

3. Rinderfilet aus dem Ofen nehmen, in Alufolie wickeln und abkühlen lassen. Filet in 2–3 mm dünne Scheiben schneiden und auf einer Platte anrichten. Vorsichtig salzen und mit der Tomaten-Minze-Sauce bedecken. Mit den restlichen Petersilien- und Minzeblättchen garnieren.

Zubereitungszeit: 1 Stunde
Pro Portion (bei 6 Portionen)
15 g E, 19 g F, 4 g KH = 255 kcal (1066 kJ)

Gebratene Brottaschen

Calzonette heißen in Italien die gebratenen Brottaschen mit Tomaten, Mozzarella und Spinat.

Für 4 Portionen:

350 g Blattspinat
50 g Zwiebeln
4 Knoblauchzehen
6 El Öl
Salz, schwarzer Pfeffer
8 Sardellenfilets
150 g Büffel-Mozzarella
(ersatzweise anderer Mozzarella)
50 g Tomaten
3 El Olivenöl
8 Scheiben Kastenweißbrot
(1 cm dick)
2 Eier
Mehl zum Wenden
4 El weißes Trüffelöl
1 kleines Bund Basilikum

1. Spinat putzen, waschen und abtropfen lassen. Zwiebeln pellen und fein würfeln. 2 Knoblauchzehen pellen und durchpressen.

2. 2 El Öl in einem breiten Topf erhitzen. Zwiebeln und Knoblauch kurz darin andünsten. Spinat tropfnass dazugeben. Topf mit einem Deckel verschließen.

3. Spinat 3–4 Minuten dünsten, abtropfen lassen, dann die Flüssigkeit portionsweise auspressen. Spinat mit Salz und Pfeffer würzen.

4. Sardellenfilets kalt abspülen, trockentupfen und in kleine Stücke schneiden. Mozzarella längs halbieren und in dünne Scheiben schneiden. Tomaten ebenfalls halbieren und in dünne Scheiben schneiden. Restlichen Knoblauch durchpressen und mit dem Olivenöl mischen.

5. Jede Brotscheibe diagonal durchschneiden und mit Knoblauchöl einpinseln. Auf der Hälfte der Brotscheiben den Spinat verteilen. Darauf Mozzarella, Sardellen und Tomaten anrichten. Die restlichen Brotscheiben darauf legen und gut zusammendrücken.

6. Eier verquirlen. Die Brote zuerst dünn in Mehl wenden, dann durch das Ei ziehen: Darauf achten, dass die Kanten vollgesogen sind, damit die Brote beim Braten zusammenhalten.

7. Die Brote im restlichen heißen Öl bei mittlerer Hitze auf jeder Seite 3 Minuten goldbraun braten, dann auf Küchenpapier kurz abtropfen lassen, einmal halbieren und auf Tellern anrichten. Mit dem Trüffelöl beträufeln.

8. Einige Basilikumblätter zum Dekorieren beiseite legen, die anderen fein schneiden und auf den Broten verteilen. Mit Basilikumblättern garnieren. Heiß servieren.

Zubereitungszeit: 45 Minuten
Pro Portion 20 g E, 44 g F, 31 g KH = 618 kcal (2590 kJ)

Gefüllte Artischocken

Liebhaber von Artischocken kommen hier auf ihre Kosten: Zu den gefüllten Distelknospen gibt es auch noch eine Sauce aus Artischocken.

Für 4 Portionen:

Salz
**4 mittelgroße Artischocken
(mit Stielen)**
1 Zitrone
100 g Weißbrot (ohne Rinde)
3 Knoblauchzehen
1/2 El frische Rosmarinnadeln
30 g getrocknete Tomaten in Öl
50 g Parmaschinken
7–8 El Olivenöl
50 g junger Pecorino
125 g Mozzarella
Öl zum Bepinseln
Pfeffer
1–2 El Zitronensaft
Außerdem
1 Rolle Pergamentpapier

1. Einen großen Topf mit Salzwasser zum Kochen bringen. Das obere Drittel jeder Artischocke abschneiden und ins Wasser geben. Die Spitzen der anderen Blätter rundum mit einer Küchenschere abschneiden. Die Stiele an den Artischocken lassen, gleichmäßig auf 8 cm kürzen und schälen.

2. Zitrone halbieren, Artischocken damit einreiben. Saft ins kochende Wasser pressen. Artischocken hineingeben, mit einem Teller beschweren, damit sie gleichmäßig garen, 30 Minuten leise kochen lassen.

3. Artischocken aus dem Wasser nehmen, umgedreht abtropfen und etwas abkühlen lassen. 250 ml vom Kochsud abnehmen, beiseite stellen. Restlichen Sud durch ein Sieb weggießen. Artischocken mit einem Löffel aushöhlen, Heu herauskratzen und zu den Resten im Sieb geben. Artischocken aufrecht in 4 Becher stellen.

4. Weißbrot würfeln und zerkleinern. 2 Knoblauchzehen pellen und mit Rosmarin, Tomaten und Parmaschinken fein hacken. In 2 El Olivenöl andünsten, das Brot unterrühren, abkühlen lassen. Pecorino und Mozzarella fein würfeln, untermischen, in die Artischocken füllen und festdrücken.

5. Pro Artischocke 3 etwa 40 cm lange Stücke Pergamentpapier dünn mit Öl bepinseln und übereinander schichten. Jede Artischocke wie einen Blumenstrauß darin einwickeln. Spitzen über der Öffnung zusammendrehen, mit Küchengarn verschließen, die Artischocken in die Becher stellen.

6. Artischocken im vorgeheizten Backofen bei 175 Grad (Gas 2, Umluft 150 Grad) auf der untersten Einschubleiste 35 Minuten backen.

7. Inzwischen die gekochten Artischockenreste in 2 El Olivenöl andünsten, mit dem Artischockensud auffüllen und 5 Minuten offen kochen. Mit Salz, Pfeffer und dem restlichen durchgepressten Knoblauch würzen. Mit dem Schneidstab pürieren und durch ein Haarsieb streichen. Die Sauce mit Zitronensaft würzen und mit den Artischocken servieren. Das restliche Olivenöl zum Beträufeln extra reichen. Nach Belieben mit Zitronenspalten servieren.

Zubereitungszeit: 1 1/2 Stunden
Pro Portion 18 g E, 33 g F, 18 g KH = 438 kcal (1834 kJ)

Zucchinitarte mit Orangenkaramell

Farbenfroh wie der Süden: geschichtete Tarte mit Paprika, Ziegenkäse und Zucchini.

Für 8 Portionen:

Mürbeteig
250 g Mehl
120 g Butter
Salz
1 Ei
Mehl zum Bearbeiten
Hülsenfrüchte zum Blindbacken
Belag
2 rote Paprikaschoten (à 250 g)
150 g Ziegenfrischkäse
(am besten als Rolle)
150 ml saure Sahne
3 El Schlagsahne
2 Eier
Salz, Pfeffer
Muskatnuss (frisch gerieben)
2 El glatte Petersilie (gehackt)
30 g Walnüsse (grob gehackt)
2 El Semmelbrösel
2 Zucchini (à 120 g)
Karamell
30 g Zucker
300 ml Orangensaft
(frisch gepresst)
2 Wacholderbeeren
1 Gewürznelke
1 Lorbeerblatt
1 Stiel Thymian
30 g Walnüsse (grob gehackt)

1. Mehl mit Butter, Salz, Ei und 1–2 El Wasser zügig zu einem geschmeidigen Teig verkneten, in Klarsichtfolie wickeln und 1 Stunde im Kühlschrank ruhen lassen.

2. Inzwischen Paprika vierteln, entkernen und mit der Hautseite nach oben auf ein Backblech legen und unter dem Backofengrill auf der 2. Einschubleiste von oben grillen, bis die Haut schwarze Blasen wirft. Paprika vom Blech nehmen, mit einem feuchten Tuch bedecken, abkühlen lassen und häuten.

3. Ziegenkäse in 3–4 mm dünne Scheiben schneiden. Saure Sahne mit Sahne und Eiern glatt rühren, mit Salz, Pfeffer, Muskat und Petersilie würzen.

4. Backpapier auf den Boden einer Tarteform (24 cm Ø) legen. Den Mürbeteig auf der bemehlten Arbeitsfläche auf 28 cm Ø ausrollen, die Form damit auslegen und den Rand andrücken. Teig mit Backpapier bedecken und die Hülsenfrüchte einfüllen.

5. Tarte auf ein Backblech setzen und im vorgeheizten Backofen bei 220 Grad (Gas 3–4, Umluft 20 Minuten bei 200 Grad) auf der 2. Einschubleiste von unten 20–25 Minuten backen. Die Tarte aus dem Ofen nehmen, leicht abkühlen lassen, das Backpapier mit den Hülsenfrüchten entfernen.

6. Walnüsse mit Semmelbröseln mischen und auf dem Tarteboden verteilen. Zuerst die Ziegenkäsescheiben, dann die Paprikaviertel darauf legen. 2/3 vom Sahneguss gleichmäßig einfüllen. Dabei darauf achten, dass der Guss die Zwischenräume zwischen Käse und Paprika ausfüllt.

7. Zucchini putzen und in 2 mm dünne Scheiben hobeln (am besten mit einem Trüffelhobel). Die Tarte kreisförmig mit den Zucchinischeiben belegen, mit Salz und Pfeffer würzen. Zucchini mit restlichem Guss einstreichen.

8. Die Tarte im vorgeheizten Backofen bei 180 Grad (Gas 2–3, Umluft 30–40 Minuten bei 170 Grad) auf der 2. Einschubleiste von unten 40 Minuten backen.

9. Inzwischen für den Karamell den Zucker in einem Topf hellbraun schmelzen und mit Orangensaft ablöschen. Wacholder, Nelke, Lorbeer und Thymian dazugeben. Den Karamell in 15–20 Minuten sirupartig auf 100 ml einkochen lassen. Gewürze entfernen und die Walnüsse dazugeben. Karamell leicht abkühlen lassen.

10. Zucchinitarte aus dem Ofen nehmen und 15 Minuten abkühlen lassen. Die Tarte in 8 Stücke schneiden, auf Tellern mit dem Orangenkaramell anrichten und servieren. Dazu passt ein Salat mit Zucchini, Tomaten und Basilikum.

Zubereitungszeit: 1 1/2 Stunden
Pro Portion 13 g E, 29 g F, 35 g KH = 450 kcal (1886 kJ)

ZUCCHINI
Rund ums Mittelmeer bereitet man besonders gern grüne oder gelbe Zucchini in Scheiben geschnitten und in Öl gebraten zu.

Heiß aus dem Ofen sind Crostini
eine der beliebtesten Vorspeisen Italiens.
Typische Antipasti sind
auch luftgetrocknetes Rindfleisch mit
Gemüsen und eingelegte
Schalotten in süß-säuerlicher Marinade.
Rezepte ab Seite 22

Röstbrot mit Wurst

Rustikal: überbackene Crostini mit gebratener
Wurst, Tomaten und Käse.

Für 4 Portionen:

3 rohe Schweinswürste (à 50 g)
100 g Zwiebeln
2 große Knoblauchzehen
3 Stiele Salbei
1 kleines Bund Thymian
10 El Olivenöl
schwarzer Pfeffer
1 Bund glatte Petersilie
abgeriebene Schale von 1 Zitrone
(unbehandelt)
300 g Tomaten
150 g Robiola Mauri
(ersatzweise Fontina-Käse)
8 Scheiben italienisches
Fladenbrot

1. Die Würste aus der Pelle
drücken. Zwiebeln pellen und fein
würfeln. Knoblauch pellen
und durchpressen. Die Hälfte vom
Salbei fein schneiden, die
Thymianblätter von den Stielen
zupfen.

2. Die Wurst in 2 El heißem
Olivenöl bei starker Hitze etwa
4 Minuten kräftig anbraten.
Zwiebeln, Knoblauch, Salbei und
Thymian nach 3 Minuten dazu-
geben und kräftig pfeffern.
Das Ganze fast kalt werden lassen
und kurz pürieren.

3. Petersilienblätter mit restlichem Olivenöl pürieren und mit
der Zitronenschale mischen.

4. Tomaten in 1 cm dicke Spalten schneiden. Den Käse der
Breite nach in 1 cm dicke Scheiben
schneiden und die Scheiben
halbieren.

5. Die Brotscheiben im Backofen unter dem Grill goldbraun
rösten, dann gleichmäßig mit
der Wurstmasse bestreichen, die
Tomaten darauf legen und mit
dem Käse bedecken.

6. Crostini im Backofen auf der
2. Einschubleiste von unten
unter dem Grill überbacken, bis
der Käse zerläuft.

7. Crostini mit restlichem Salbei
belegen, mit Petersilienöl
beträufeln und heiß servieren.

Zubereitungszeit: 1 1/4 Stunden
Pro Portion 20 g E, 49 g F, 29 g KH =
659 kcal (2756 kJ)

PETERSILIE
Glatte und krause Petersilie
ist das beliebteste Kraut in Europas
Küchen. Krause Petersilie
eignet sich hervorragend als Garnitur,
glatte zum Würzen der Gerichte.
Denn in den glatten Blättern steckt mehr
kräftiges Petersilienaroma
als in den krausen.

Luftgetrocknetes Rindfleisch mit Champignons

Hauchdünne Rindfleisch-
scheiben, auch Bresaola genannt,
schmecken als Salat mit Champignons und Staudensellerie.

Für 4 Portionen:

2 El Zitronensaft
6 El Olivenöl
3 El trockener Weißwein
Salz, schwarzer Pfeffer
50 g Rauke
50 g kleine rosa Champignons
150 g Staudensellerie (mit Grün)
16 Scheiben Bresaola
(luftgetrocknetes Rindfleisch,
hauchdünn geschnitten)
50 g Pecorino
(ersatzweise Parmesan)

1. Zitronensaft mit Olivenöl,
Weißwein, Salz und Pfeffer verrühren.

2. Rauke waschen, putzen und
trockenschleudern. Champignons
putzen und in dünne Scheiben
schneiden.

3. Selleriegrün abschneiden
und beiseite legen. Sellerie putzen und in sehr dünne Scheiben
schneiden. Mit dem Grün und der
Vinaigrette mischen.

4. Zum Servieren den Sellerie
mit den Champignonscheiben auf
Tellern verteilen. Bresaola und
Rauke darauf legen und mit grobem Pfeffer bestreuen. Pecorino
darüber hobeln.

Zubereitungszeit: 30 Minuten
Pro Portion 13 g E, 20 g F, 1 g KH =
253 kcal (1061 kJ)

Eingelegte Safran-Schalotten

Safran verleiht den eingelegten
Schalotten die sonnige Farbe. Sie
schmecken solo und als Beilage zu
Wurst- und Schinken-Antipasti.

Für 6–8 Portionen (als Beilage):

400 g Schalotten
(möglichst rote und weiße)
5 große Knoblauchzehen
6 El Olivenöl
3 Döschen Safranpulver
1 El Fenchelsaat
40 g Zucker
250 ml trockener Weißwein
Salz, Cayennepfeffer
1 kleine Orange (unbehandelt)
1/2 Zitrone (unbehandelt)
4 kleine Zweige Rosmarin

1. Schalotten und Knoblauch
pellen und im heißen Olivenöl
rundherum bei mittlerer Hitze
goldbraun anbraten. Safran,
Fenchelsaat und Zucker schnell
unterrühren. Mit Weißwein und
200 ml Wasser auffüllen.

2. Schalottensud zum Kochen
bringen und 5 Minuten im
geschlossenen Topf bei milder
Hitze leise kochen lassen.

3. Sud mit Salz und Cayennepfeffer würzen. Orange und
Zitrone in dünne Scheiben schneiden und mit dem Rosmarin in
den Sud legen, abkühlen lassen,
abdecken und im Kühlschrank
1 Tag marinieren. Die Schalotten
werden als Beilage zu Wurst,
Oliven und Kapernäpfeln auf
einen Antipasti-Teller gelegt.

Zubereitungszeit: 30 Minuten
(plus Marinierzeit)
Pro Portion (bei 8 Portionen)
1 g E, 4 g F, 7 g KH = 66 kcal (274 kJ)

Gorgonzola-Walnuss-Terrine

Schnell und einfach: Terrine mit Käse, Trauben und Walnüssen – drei Zutaten, die gut miteinander harmonieren.

Für 8 Portionen:

**150 g Joghurt-Butter
(Fertigprodukt)
500 g Gorgonzola
150 g blaue Trauben
50 g Walnusskerne**

1. Die weiche Joghurt-Butter mit den Quirlen des Handrührers auf höchster Stufe 4 Minuten schaumig rühren.

2. Gorgonzola in grobe Stücke schneiden und gut mit der Butter verrühren, so dass eine homogene Masse entsteht.

3. Trauben waschen, trockentupfen und entkernen. Walnüsse grob hacken. Beides vorsichtig unter die Käsemasse heben.

4. Eine Terrinenform (800 ml Inhalt) mit Klarsicht-folie auslegen und die Gorgonzolamasse in die Form füllen. Mehrmals auf die Arbeitsfläche stoßen, damit die Luftblasen entweichen. Mit Klarsichtfolie abdecken und die Terrine für 4 Stunden in den Kühlschrank stellen. Die durchgekühlte Terrine mit einem in heißes Wasser getauchten Messer auf-schneiden. Dazu passen Brot, Früchte und Walnüsse.

Zubereitungszeit: 35 Minuten (plus Kühlzeit)
Pro Portion 13 g E, 36 g F, 4 g KH = 394 kcal (1643 kJ)

23

Suppen und Eintöpfe

Beeindruckend ist das Angebot an sonnengereiften und erntefrischen Gemüsen in den Markthallen aller Mittelmeerländer. Stellt sich nach dem reichlichen Kauf von Tomaten, Paprikas und Staudensellerie nur die Frage: Was koche ich daraus? Natürlich einen Gazpacho, einen knoblauchgesättigten Pot-au-feu oder eine klare Erbsensuppe

Griechische Gemüsesuppe

Schafskäse, weiße Bohnen und Minze sind typisch für die griechische Küche. Hier werden sie mit Tomaten und Rosenkohl zu einem herzhaften Eintopf verarbeitet.

Für 4–6 Portionen:

250 g getrocknete weiße Bohnen
2 Lorbeerblätter
100 g Zwiebeln
2 Knoblauchzehen
300 g Rosenkohl
250 g Möhren
600 g Weißkohl
4 Tomaten (320 g)
3 El Olivenöl
1 El Tomatenmark
1 l Gemüsefond
Schale von 1 Zitrone
(unbehandelt)
Salz, Pfeffer
1 Bund Minze
100 g Schafskäse

1. Bohnen über Nacht in 500 ml kaltem Wasser einweichen. Bohnen mit Lorbeer bei mittlerer Hitze im Einweichwasser 35–40 Minuten kochen. Zwiebeln und Knoblauch pellen. Zwiebeln in Streifen schneiden, Knoblauch fein würfeln. Rosenkohl putzen und 4–5 Minuten blanchieren. Möhren schälen und in 1 1/2 cm große Rauten schneiden. Weißkohl putzen, ebenfalls in 1 1/2 cm große Rauten schneiden. 3 Tomaten grob würfeln.

2. Zwiebeln und Knoblauch im heißen Olivenöl glasig dünsten. Tomatenmark dazugeben, kurz anschwitzen, Tomatenwürfel dazugeben, 3–4 Minuten dünsten. Möhren und Weißkohl dazugeben und 3–4 Minuten dünsten. Gemüsefond und Zitronenschale dazugeben und 15–20 Minuten bei mittlerer Hitze kochen. Gegarte Bohnen und Rosenkohl dazugeben und weitere 10 Minuten kochen, mit Salz und Pfeffer würzen.

3. Minzeblätter abzupfen und in feine Streifen schneiden. 3/4 der Minze unter die Suppe heben. Restliche Tomate in Scheiben schneiden, auf die Suppe legen, mit zerbröckeltem Schafskäse und Minzestreifen bestreuen.

Zubereitungszeit: 1 Stunde (plus Einweichzeit)
Pro Portion (bei 6 Portionen) 19 g E, 10 g F, 30 g KH = 285 kcal (1195 kJ)

Klare Erbsensuppe

In Italien genießt man Erbsensuppe am liebsten klar, mit Speck und – ganz raffiniert – mit gerösteten Brotscheiben.

Für 6 Portionen:

125 g Staudensellerie mit Grün
100 g Möhren
1/2 Bund glatte Petersilie
150 g Pancetta (italienischer durchwachsener Speck)
3 Knoblauchzehen
1 Zweig Rosmarin
12 Scheiben Ciabatta (italienisches Weißbrot)
2 l Hühnerbrühe
600 g Erbsen (TK)
Salz, schwarzer Pfeffer
4 El Olivenöl

1. Vom Staudensellerie die Blätter abzupfen und beiseite stellen. Sellerie und Möhren putzen, grob würfeln und beides nicht zu fein hacken. Sellerieblätter und Petersilie grob hacken.

2. Pancetta ohne Schwarte in kleine Würfel schneiden. Knoblauch pellen und in sehr dünne Scheiben schneiden. Rosmarinnadeln grob hacken. Pancetta in einer Pfanne knusprig auslassen. Knoblauch und Rosmarin dazugeben und darin anrösten.

3. Brotscheiben auf einem Backblech unter dem Grill auf beiden Seiten goldbraun rösten.

4. Hühnerbrühe zum Kochen bringen und das gehackte Gemüse mit den Erbsen dazugeben. Etwa 10 Minuten leise kochen lassen. Die Suppe mit Salz und Pfeffer würzen. Sellerieblätter und Petersilie dazugeben.

5. Brotscheiben in einer Schüssel am Rand entlang verteilen. Suppe einfüllen, mit dem Pancetta-Gemisch bestreuen und mit Olivenöl beträufeln.

Zubereitungszeit: 45 Minuten
Pro Portion 13 g E, 27 g F, 35 g KH = 439 kcal (1838 kJ)

Gemüse-Pot-au-feu

Knoblauch verfeinert diesen provenzalischen Eintopf. Er würzt die Brühe und das geröstete Brot, das man dazu genießt.

Für 6 Portionen:

Suppe
100 g Knoblauchzehen
2 El Olivenöl
800 ml Gemüsefond
Salz
350 g Fenchelknolle
4 Lorbeerblätter
100 ml trockener Wermut
250 g schlanke Bundmöhren
je 250 g rote und gelbe
Paprikaschoten
6 Frühlingszwiebeln
150 g Kichererbsen (Dose)
350 g Strauchtomaten
weißer Pfeffer

Knoblauchbrot
300 g Landbrot mit Kruste
(oder Ciabatta)
6 große Basilikumblätter
Salz
75 g Staudensellerie

1. Knoblauch pellen. Olivenöl im Topf erhitzen. Knoblauch darin bei milder Hitze hellbraun rösten. Gemüsefond und 1,2 l Wasser dazugießen und salzen. Fenchelgrün abzupfen und mit Lorbeer und Wermut in den Topf geben. Knoblauchfond aufkochen und zugedeckt bei milder Hitze 20 Minuten ziehen lassen. Knoblauch mit dem Schaumlöffel herausheben, beiseite legen und abkühlen lassen. Knoblauchfond durch ein Sieb in einen anderen Topf gießen.

2. Während der Fond gart, die Möhren putzen und schälen. Fenchel putzen und in möhrengroße Spalten schneiden. Paprikaschoten putzen, entkernen, auch möhrengroß schneiden. Frühlingszwiebeln putzen und in der Mitte durchschneiden. Kichererbsen in einem Sieb mit kaltem Wasser abspülen und abtropfen lassen.

3. Stielansätze aus den Tomaten keilförmig herausschneiden. Tomaten im Knoblauchfond kurz brühen, abschrecken und häuten. Tomaten vierteln und entkernen.

4. Möhren und Fenchel zuerst im Knoblauchfond garen, nach 5 Minuten die Paprika dazugeben. Nach weiteren 5 Minuten Frühlingszwiebeln und Kichererbsen dazugeben. Nach nochmals 5 Minuten Tomaten in den Knoblauchfond geben. Den Topf von der Herdplatte ziehen. Suppe salzen und pfeffern.

5. Inzwischen das Brot in 12 Scheiben schneiden und im vorgeheizten Backofen auf der 2. Einschubleiste von oben unter dem Grill von jeder Seite rösten.

6. Den beiseite gelegten Knoblauch mit zerzupften Basilikumblättern und etwas Salz im Mörser zu einer Paste zerstoßen. Die Hälfte davon auf das geröstete Brot geben.

7. Staudensellerie entfädeln, mit einem Gemüsehobel fein hobeln und auf die Suppe streuen. Die Suppe mit der restlichen Knoblauchpaste und dem Knoblauchbrot servieren.

Zubereitungszeit: 1 1/2 Stunden
Pro Portion 10 g E, 5 g F, 44 g KH = 280 kcal (1170 kJ)

STAUDENSELLERIE
*Vom Staudensellerie, auch Bleich-
oder Stangensellerie genannt, verwendet man die
überirdisch wachsenden Stangen – roh,
geschmort oder gedünstet. Die grünen Stangen sind
besonders saftig, knackig und schmecken
kräftig aromatisch. Das Grün des Staudenselleries
eignet sich wie Petersilie zum Würzen.*

Muschelsuppe mit Fenchel

Fein und leicht: Suppe aus Hummerfond, Weißwein, Miesmuscheln und Gemüsen.

Für 4 Portionen:

2 kg frische Miesmuscheln
1/4 l trockener Weißwein
1 Sternanis
1 Lorbeerblatt
1–2 Fenchelknollen (ca. 250 g)
200 g Möhren
250 g fest kochende Kartoffeln
2 rote Pfefferschoten
2 El Öl
1 l Hummerfond
1/2 Bund dünne Frühlingszwiebeln
1 Bund glatte Petersilie
abgeriebene Schale von 1/2 Zitrone (unbehandelt)
1–2 El Crème fraîche
Cayennepfeffer
Salz
Zucker

1. Muscheln unter fließend kaltem Wasser waschen und entbarten. Weißwein mit Sternanis und Lorbeer in einem großen Topf zum Kochen bringen, dann die Muscheln dazugeben und zugedeckt bei starker Hitze 5–6 Minuten kochen, bis sie sich geöffnet haben; den Topf zwischendurch rütteln. Muscheln in ein Sieb geben, abtropfen lassen, dabei den Sud auffangen. Das Fleisch aus den Muscheln lösen.

2. Fenchelgrün abschneiden und beiseite legen. Knollen putzen und in 1 cm große Würfel schneiden. Möhren und Kartoffeln schälen und ebenfalls in 1 cm große Würfel schneiden. Pfefferschoten längs aufschneiden, entkernen und sehr fein würfeln.

3. Öl in einem großen Topf erhitzen. Gewürfelte Gemüse und Pfefferschoten darin andünsten. Mit 1/4 l Muschelsud und Hummerfond aufgießen und 15–20 Minuten zugedeckt bei mittlerer Hitze garen.

4. Frühlingszwiebeln putzen und in schmale, schräge Ringe schneiden. Petersilie und Fenchelgrün grob hacken. Frühlingszwiebeln, Petersilie, Fenchelgrün, Zitronenschale, das Muschelfleisch und die ganzen Muscheln zum Gemüse geben. Mit Crème fraîche, Cayennepfeffer, Salz und Zucker würzen. Das Ganze einmal aufkochen und servieren. Dazu passt Baguette.

Zubereitungszeit: 50 Minuten
Pro Portion 14 g E, 9 g F, 18 g KH = 221 kcal (924 kJ)

Linseneintopf mit Meeresfrüchten

Edler Linseneintopf, raffiniert verfeinert
mit den Aromen des Meeres: Venusmuscheln und Garnelen.

Für 4–6 Portionen:

800 g frische Venusmuscheln
3 Knoblauchzehen
200 g Schalotten
300 g mehlig kochende
Kartoffeln
200 g Staudensellerie
250 g Porree
300 g Puy-Linsen
1 Orange (unbehandelt)
4 El Öl
10 g Hummerbutter
12 Garnelen mit Schale
(à 25 g, ohne Kopf)
1,6 l Hummerfond
2 Lorbeerblätter
1 Zweig Rosmarin
Salz, Pfeffer
2 Tl Zucker
250 g passierte Tomaten
(Packung)
2 El glatte Petersilie
(fein gehackt)

1. Venusmuscheln putzen, mehrmals in kaltem Wasser waschen und in einem Durchschlag abtropfen lassen; dabei offene und beschädigte Muscheln aussortieren.

2. Knoblauchzehen und Schalotten pellen und fein würfeln. Kartoffeln schälen, waschen und in 1/2 cm große Würfel schneiden. Staudensellerie putzen und in 1/2 cm große Würfel schneiden. Porree putzen, längs halbieren, waschen und in dünne, halbe Ringe schneiden. Linsen waschen und abtropfen lassen. Orange sehr dünn schälen und den Saft auspressen.

3. Öl mit der Hummerbutter in einem breiten Topf erhitzen. Garnelen mit der Schale darin von beiden Seiten 1 Minute anbraten, herausnehmen und bis zur weiteren Verwendung beiseite stellen.

4. Knoblauch, Schalotten, Kartoffeln, Staudensellerie und Linsen im Fett 3 Minuten sanft anschwitzen, mit dem Hummerfond aufgießen. Orangenschale und -saft, Lorbeer und Rosmarinnadeln dazugeben, mit Salz, Pfeffer und Zucker würzen.

5. Den Eintopf bei mittlerer Hitze 50 Minuten mit halb aufgelegtem Deckel leise kochen lassen; nach 30 Minuten die Tomaten dazugeben; in den letzten 10 Minuten die Muscheln und den Porree dazugeben und zugedeckt bei starker Hitze fertig garen. Geschlossene Muscheln aussortieren. Garnelen dazugeben und 2 Minuten in dem Linseneintopf noch einmal erwärmen. Mit Petersilie bestreuen.

Zubereitungszeit: 1 1/2 Stunden
Pro Portion (bei 6 Portionen) 28 g E, 10 g F, 41 g KH = 375 kcal (1565 kJ)

Gazpacho

Die Lieblingssuppe der Spanier ist eine gut gekühlte Gemüsesuppe, die an heißen Sommertagen richtig erfrischt.

Für 6–8 Portionen:

Suppe
30 g Mandeln (gehäutet)
Salz
2 El Olivenöl
20 g Weißbrot (vom Vortag)
2 Sardellenfilets
(in Salz oder Salzlake eingelegt)
4 Knoblauchzehen
500 g Tomaten
1 rote Paprikaschote (250 g)
300 g Salatgurke
1 Tl Tomatenmark
500 ml Tomatensaft
4 Tl Zucker
1–2 El Zitronensaft
Paprikapulver (edelsüß)
Tabasco

Einlage
80 g Weißbrot
14 El Olivenöl
20 g Pinienkerne
je 1 rote, gelbe und grüne
Paprikaschote (à 200 g)
150 g Salatgurke
250 g Gemüsezwiebel

1. Mandeln grob hacken, in einer Pfanne ohne Fett goldbraun rösten und abkühlen lassen. 150 ml lauwarmes Wasser mit Salz und Olivenöl mischen, das Brot darin einweichen.

2. Inzwischen Sardellen kalt abspülen und abtropfen lassen. Knoblauch pellen und grob würfeln.

3. Tomaten auf der runden Seite über Kreuz einritzen, kurz in siedendes Wasser geben, abschrecken und abtropfen lassen. Tomaten pellen, vierteln, entkernen und das Fruchtfleisch grob würfeln.

4. Paprikaschote vierteln, schälen, entkernen und grob würfeln. Gurke schälen, längs halbieren und mit einem Löffel die Kerne herausschaben. Gurkenfleisch grob würfeln.

5. Das eingeweichte Brot ausdrücken und mit Mandeln, Sardellen, Knoblauch, Tomaten, Paprika, Gurken, Tomatenmark und Tomatensaft, Zucker und 100 ml eiskaltem Wasser im Mixer pürieren. Das Gemüsepüree mit Zitronensaft, Salz, 1 Prise Paprikapulver und 1 Spritzer Tabasco würzen und 1 Stunde kalt stellen.

6. Für die Einlage das Brot sehr fein würfeln, in einer Pfanne mit 6 El Olivenöl goldbraun braten und auf Küchenpapier abtropfen lassen. Pinienkerne in einer Pfanne ohne Fett goldbraun rösten.

7. Paprikaschoten vierteln, schälen, entkernen und sehr fein würfeln. Gurke schälen, längs halbieren und die Kerne herausschaben. Gurkenfleisch fein würfeln. Zwiebel pellen und sehr fein würfeln.

8. Das Gemüsepüree vor dem Servieren noch einmal durchmixen und in tiefe Teller gießen. Pinienkerne, Gemüse und Brotwürfel separat als Einlage servieren. Restliches Olivenöl zum Beträufeln des Gazpacho bereitstellen.

Zubereitungszeit: 1 1/4 Stunden (plus Kühlzeit)
Pro Portion (bei 8 Portionen)
5 g E, 24 g F, 20 g KH = 317 kcal (1326 kJ)

Salate

In jedem Salat steckt
etwas Grünes: Sei es
Rauke, Frisee, Zucker-
schote oder Artischocke.
Kommt ein Salat ohne
diese frischen Zutaten aus,
wird er spätestens kurz
vor dem Servieren mit
einer Hand voll Petersilie
oder Basilikum aufge-
peppt. In den Mittelmeer-
ländern ist die Vielfalt
an Salaten besonders
groß: Denn was schmeckt
an heißen Tagen besser
als ein kühler Salat?

Tomatensalat mit Tintenfisch

Die milde Säure der Flaschentomaten
passt hervorragend zum frisch gekochten Tintenfisch.

Für 6 Portionen:

**1,5 kg frischer Tintenfisch (beim
Fischhändler bestellen und
küchenfertig vorbereiten lassen)**
80 ml Weißweinessig
Salz, Pfeffer
150 ml Olivenöl
600 g Flaschentomaten
250 g breite Stangenbohnen
2 rote Pfefferschoten
100 g rote Zwiebeln
2–3 Knoblauchzehen
150 g Rauke
1 Zitrone

1. Tintenfisch in eine große
Pfanne legen und zugedeckt bei
milder Hitze 1 Stunde im eigenen
Saft garen, dabei einmal wenden.
Tintenfisch aus dem Sud nehmen
und abkühlen lassen.

2. Inzwischen Essig mit Salz,
Pfeffer und Olivenöl verrühren.
Tintenfisch in schmale, schräge
Scheiben schneiden, mit der
Marinade mischen und zugedeckt
1 Stunde ziehen lassen.

3. Inzwischen Tomatenstiele
entfernen. Tomaten einritzen,
kurz in siedendes Wasser geben,
abschrecken, pellen, halbieren
und in grobe Stücke schneiden.

4. Bohnen putzen und schräg in
2 cm breite Stücke schneiden,
10 Minuten in Salzwasser kochen,
abschrecken und abtropfen
lassen.

5. Pfefferschoten längs halbieren,
entkernen und fein würfeln.
Zwiebeln und Knoblauch pellen
und fein würfeln. Rauke putzen,
waschen und trockenschleudern.

6. Tomaten, Bohnen, Pfefferschoten, Zwiebeln und Knoblauch
mit dem Tintenfisch mischen,
mit Salz und Pfeffer würzen. Zuletzt die Rauke unterheben.
Zitrone in Spalten schneiden und
zum Beträufeln servieren.
Zum Tomatensalat mit Tintenfisch
passt Baguette.

Zubereitungszeit: 2 1/2 Stunden
Pro Portion 42 g E, 28 g F, 14 g KH =
478 kcal (2006 kJ)

RAUKE
*Die an Löwenzahn erinnernden
Blätter der Rauke oder des Rucola
sind rund ums Mittelmeer beheimatet. Sie
schmecken leicht bitter und scharf und
verfeinern Salate, Suppen, Mayonnaisen
oder Quark. Mittlerweile gibt es Rauke
auch bei uns in allen Gemüseläden.*

Lauwarmer Kartoffelsalat mit Ziegenkäse

Unter den sommerlichen Salat aus Tomaten, Kapernäpfeln und Ziegenkäse
werden die lauwarmen Kartoffelviertel gezogen – und der Salat wird sofort serviert.

Für 4 Portionen:

800 g fest kochende Kartoffeln
Salz
400 g Flaschentomaten
50 g schwarze Oliven
50 g Kapernäpfel
100 g Schalotten
1/2 Bund glatte Petersilie
200 g Ziegenfrischkäse
(z. B. Sainte-Maure
oder Chabichou)
100 ml Traubenkernöl
5 El Weißweinessig
100 ml Gemüsefond
Zucker
weißer Pfeffer

1. Kartoffeln waschen, knapp mit Salzwasser bedecken und in 20–25 Minuten gar kochen. Kartoffeln
abgießen, kurz ausdämpfen lassen und pellen.
Kartoffeln längs vierteln.

2. Inzwischen die Tomaten in Spalten schneiden
und die Spalten halbieren. Oliven halbieren und die
Steine entfernen. Kapernäpfel in ein Sieb geben
und gut abtropfen lassen. Schalotten pellen und in
feine Würfel schneiden. Petersilienblätter von den
Stielen zupfen. Ziegenkäse in 1/2 cm dicke Scheiben
schneiden und halbieren.

3. Traubenkernöl leicht erhitzen und die Schalotten
darin glasig andünsten. Mit Weißweinessig und
Gemüsefond ablöschen. Mit Zucker, Salz und Pfeffer
würzen. Die Marinade über die Kartoffelviertel
geben. Tomaten, Kapernäpfel, Oliven, Petersilienblätter und Ziegenkäse vorsichtig unterheben. Den
Salat auf flachen Tellern anrichten und sofort
servieren.

Zubereitungszeit: 1 Stunde
Pro Portion 11 g E, 48 g F, 37 g KH = 628 kcal (2632 kJ)

KAPERNÄPFEL
*Kapernäpfel sind Kapern, die nicht
vor ihrer Blüte, sondern erst
nach ihrer Blüte geerntet werden. Die
großen, oval-länglichen Früchte
legt man in Essig oder Öl ein. In den Mittelmeerländern sind die säuerlich-würzigen
Kapernäpfel eine beliebte Beilage zu Vorspeisen.*

Artischockensalat mit Rosmarinfladen

Frühlingsfrisch durch dicke Bohnen, junge
Artischocken und Minze. Als Beilage zum Salat
schmecken selbst gebackene Rosmarinfladen.

Für 4–6 Portionen:

1 Würfel Hefe
500 g Brotbackmischung (Panino)
100 g Schalotten
200 ml trockener Weißwein
3 Lorbeerblätter, 4 Zweige Rosmarin
300 ml Olivenöl, Salz
6 Artischocken (à 400 g)
300 g dicke Bohnen
300 g kleine Tomaten
1 Bund Rauke
Mehl zum Bearbeiten
4 Tl grobes Salz
1 Tl Minzeblättchen (gehackt)
Pfeffer

1. Hefe in 340 ml warmem Wasser auflösen, mit
der Backmischung verkneten. Abgedeckt an einem
warmen Ort 45 Minuten gehen lassen.

2. Schalotten pellen, in feine Ringe schneiden, mit
1 l Wasser, Wein, Lorbeer, 2 Rosmarinzweigen, 2 El Öl
und Salz aufkochen. Artischockenstiele abbrechen.
Obere Drittel der Artischocken abschneiden, äußere
Blätter großzügig entfernen. Artischocken mit einem
Messer rundherum bis zum Boden hin schälen. Sofort in den Sud legen. Bei schwacher Hitze 15 Minuten offen kochen, dann 15 Minuten ziehen lassen.

3. Bohnen in Salzwasser 2–3 Minuten kochen, abgießen, abschrecken. Kerne auslösen. Tomaten
halbieren. Rauke putzen und waschen. Artischocken
vierteln. Äußere Blätter so weit entfernen, bis nur
die essbaren übrig sind. Innere, strohige Blätter und
das Heu entfernen. 100 ml Kochsud mit 200 ml Öl
verrühren, über Artischocken und Bohnen gießen.

4. Teig auf bemehlter Arbeitsfläche zusammen-
kneten, zu 4 sehr dünnen Fladen ausrollen und auf
zwei mit Backpapier belegte Bleche legen. Mit
je 2 El Öl bestreichen, mit 1 Tl grobem Salz und den
restlichen Rosmarinnadeln bestreuen.

5. Fladen im vorgeheizten Backofen auf der 1. und
3. Einschubleiste von unten bei 180 Grad (Gas 2–3,
Umluft 15–20 Minuten bei 170 Grad) 20–25 Minuten backen; nach der Hälfte der Zeit die Bleche
austauschen. Artischocken, Bohnen, Tomaten, Rauke
und Minze mischen, salzen und pfeffern. Mit den
Fladen servieren.

Zubereitungszeit: 2 Stunden
Pro Portion (bei 6 Portionen) 28 g E, 52 g F, 81 g KH = 918 kcal (3844 kJ)

Chicoree-Frisee-Salat mit gebackenem Büffel-Mozzarella

Feine italienische Vorspeise: gebackener, zartaromatischer Büffel-Mozzarella auf herbem Frisee und Chicoree mit Sardellen-Vinaigrette.

Für 4 Portionen:

1 Kopf Friseesalat (350 g)
2 Chicoree (350 g)
1 Zitrone
250 g kleine Tomaten
1/2 Bund glatte Petersilie
50 g Sardellenfilets
140 ml Olivenöl
schwarzer Pfeffer
2 Büffel-Mozzarella
(à 200 g, ersatzweise Kuh-Mozzarella)
50 g Mehl
1 Ei
50 g Semmelbrösel

1. Die mittleren hellgrünen Blätter des Frisee putzen, waschen und abtropfen lassen. Große Blätter eventuell etwas zerzupfen. Chicoree längs vierteln und den Strunk keilförmig herausschneiden. Die großen Blätter nochmals halbieren. Chicoree in eine Schüssel geben. Zitrone auspressen und die Hälfte des Safts mit so viel Wasser mischen, dass der Chicoree bedeckt ist. Tomaten waschen, Stielansätze keilförmig herausschneiden und die Tomaten vierteln.

2. Petersilienblätter abzupfen und grob hacken. Sardellenfilets unter kaltem Wasser abspülen, hacken und mit restlichem Zitronensaft, 100 ml Olivenöl und 2 El Petersilie verrühren. Die Zutaten pürieren und mit Pfeffer würzen.

3. Mozzarella auf Küchenpapier abtropfen lassen. Mehl, Ei und Semmelbrösel getrennt in je einen Teller geben. Mozzarella in 12 Spalten schneiden und in Mehl, Ei und Bröseln wenden. Auf einen Teller legen und beiseite stellen.

4. Frisee und abgetropften Chicoree mit der Vinaigrette mischen und mit den Tomatenvierteln auf vier Tellern anrichten.

5. Das restliche Olivenöl in einer Pfanne erhitzen. Die panierten Mozzarellaspalten darin kurz bei starker Hitze von jeder Seite anbraten. Mozzarella auf dem Salat verteilen und mit der restlichen Petersilie bestreuen.

Zubereitungszeit: 45 Minuten
Pro Portion 28 g E, 57 g F, 26 g KH = 734 kcal (3075 kJ)

Bulgursalat mit gegrillten Gemüsen

Bulgur gehört im Vorderen Orient zu den Grundnahrungsmitteln. Das aus geschältem, grob gemahlenem Weizen hergestellte Getreide schmeckt nicht nur im Salat, sondern auch als Beilage zu Ragouts.

Für 4 Portionen:

Salz
150 g Bulgur
(gedarrte Weizengrütze)
je 1 rote und gelbe
Paprikaschote (à 275 g)
300 g Zucchini
200 g Aubergine
100 g rote Zwiebeln
8 El Olivenöl
schwarzer Pfeffer
Saft von 1 Zitrone
1/2 Tl Paprikapulver (edelsüß)
4 Stiele Minze
1/2 Bund Basilikum
100 g rote Johannisbeeren
2 Tl Koriandersaat
8 Lammrückenfilets (ca. 650 g)

1. 450 ml leicht gesalzenes Wasser zum Kochen bringen. Topf von der Herdplatte nehmen und Bulgur dazugeben, kurz umrühren und zugedeckt 25 Minuten quellen, anschließend in einem Sieb abtropfen lassen.

2. Paprikaschoten vierteln, entkernen und unter dem vorgeheizten Grill mit der Hautseite nach oben so lange rösten, bis die Haut schwarze Blasen wirft. In eine Schüssel geben, mit einem Teller abdecken und für mindestens 10 Minuten beiseite stellen, damit sich die Haut löst.

3. Inzwischen Zucchini und Aubergine waschen und in 1/2 cm dünne Scheiben schneiden. Zwiebeln pellen und ebenfalls in Scheiben schneiden.

4. Eine Grillpfanne erhitzen, Gemüsescheiben portionsweise mit wenig Öl (3–4 El insgesamt) von jeder Seite 2–3 Minuten grillen. Mit Salz und Pfeffer würzen und zur Seite stellen.

5. Paprika häuten und in 1–2 cm große Rechtecke schneiden. Gemüse mit dem abgetropften Bulgur mischen.

6. Zitronensaft mit 2 El Öl und dem Paprikapulver verrühren, zum Bulgur geben. Kräuter von den Stielen zupfen und fein hacken. Johannisbeeren von den Rispen streifen und mit den Kräutern zum Bulgur geben. Alles mischen, mit Salz und Pfeffer würzen und 30 Minuten durchziehen lassen.

7. Inzwischen den Koriander in einem Mörser zerstoßen. Lammfilets mit Salz und Pfeffer würzen und mit Koriander rundherum bestreuen. Restliches Öl in einer Pfanne erhitzen, die Lammfilets darin bei starker Hitze rundherum 4–5 Minuten braten.

8. Bulgursalat auf einer Platte anrichten und mit den aufgeschnittenen Lammfilets servieren.

Zubereitungszeit: 50 Minuten
(plus Marinierzeit)
Pro Portion 37 g E, 44 g F, 37 g KH = 697 kcal (2920 kJ)

Thunfischsalat mit weißen Bohnen

So schmeckt der Urlaub: weiße Bohnen als Salat, kombiniert mit Thunfisch, Zwiebeln, Kapernäpfeln und Basilikum.

Für 4 Portionen:

400 g kleine weiße Bohnen (Dose)
200 g Thunfischfilet (in Öl)
150 g rote Zwiebeln
250 g kleine Tomaten
1–2 El Rotweinessig
8 El Olivenöl
Salz, Pfeffer
80 g kleine Kapernäpfel
1/2 Bund Basilikum

1. Bohnen in ein Sieb schütten, gut abspülen und abtropfen lassen. Thunfisch in einem Sieb abtropfen lassen.

2. Zwiebeln pellen, halbieren und in dünne Scheiben schneiden. Tomaten in 1/2 cm dicke Scheiben schneiden.

3. Essig und Öl verrühren und mit Salz und Pfeffer würzen.

4. In einer Schale Bohnen, Zwiebeln, Tomaten und Kapernäpfel mit der Vinaigrette mischen.

5. Basilikumblätter von den Stielen zupfen und grob zerschneiden. Thunfischfilets grob zerpflücken und mit dem Basilikum locker unter den Salat heben. Mit Pfeffer würzen. Dazu passt geröstetes Brot.

Zubereitungszeit: 20 Minuten
Pro Portion 22 g E, 33 g F, 31 g KH = 504 kcal (2107 kJ)

Dorade, Venusmuscheln, Tintenfisch und Seeteufel – Gerichte aus den Schätzen des Mittelmeeres frischen die Erinnerung auf an genussvolle Tage in Spanien, Frankreich, Italien oder Griechenland. Auch Ozeanfische wie Kabeljau reihen sich in die mediterrane Fischküche ein, wenn man sie mit deren typischen Aromen wie Oliven und Knoblauch zubereitet

Fisch und Meeresfrüchte

Kabeljau und Tomaten aus dem Ofen

Traditionsgericht von der Mittelmeerküste: Der ganze Fisch wird mit Tomaten umlegt und mit Rosmarin und Oliven gegart.

Für 4–6 Portionen:

1 Kabeljau (ausgenommen, ohne Kopf, ca. 1,4 kg)
4 Zweige Rosmarin
Meersalz
schwarzer Pfeffer
8 El Olivenöl
4 junge Knoblauchzehen
5 Fleischtomaten (à 250 g)
2 gestrichene El Fenchelsaat
je 50 g schwarze und grüne Oliven (mit Stein)
8 El Balsamessig (Aceto balsamico)

1. Kabeljau kurz kalt abwaschen und trockentupfen. 2 Rosmarinzweige in die Bauchhöhle stecken. Den Fisch innen und außen mit Meersalz und Pfeffer würzen.

2. Die Saftpfanne mit 4 El Olivenöl auspinseln. Kabeljau auf einer Seite liegend darauf legen. Knoblauch pellen und in hauchdünne Scheiben schneiden. Restlichen Rosmarin grob zerzupfen.

3. Tomaten über Kreuz einritzen, kurz in siedendes Wasser geben, abschrecken und häuten. 4 Tomaten waagerecht halbieren und um den Fisch herumlegen. Restliche Tomate grob würfeln und dazwischenstreuen. Tomaten salzen und pfeffern. Fisch und Tomaten mit Fenchelsaat, Rosmarin, Oliven und Knoblauch bestreuen. Mit restlichem Olivenöl beträufeln.

4. Fisch im vorgeheizten Backofen bei 220 Grad (Gas 3–4, Umluft 20 Minuten bei 200 Grad) auf der 2. Einschubleiste von unten 25 Minuten garen.

5. Inzwischen den Balsamessig sirupartig einkochen. Vor dem Servieren über die Tomaten träufeln.

Zubereitungszeit: 50 Minuten
Pro Portion (bei 6 Portionen) 43 g E, 19 g F, 6 g KH = 377 kcal (1579 kJ)

Riesengarnelen im Kräutersud

Eine göttliche Vorspeise der französischen Küche:
pochierte Riesengarnelen mit Brunnenkresse-Pesto.

Für 8 Portionen:

1/2 Bund Estragon
1 Bund glatte Petersilie
1 Bund Dill
1 Bund Basilikum
1/2 l Brühe
1/2 l Weißwein
4 El Zitronensaft
Salz, Pfeffer
2 Lorbeerblätter
1 Zwiebel
24 Riesengarnelen (ohne Kopf)
1 Bund Brunnenkresse
1–2 El Limettensaft
1–2 Tl Senf
6 El Öl
30 g Parmesan (frisch gerieben)
100 g Crème fraîche
1 Tl Zucker
30 g Pinienkerne
1 Limette (in Spalten)

1. Alle Kräuter hacken. Brühe, Weißwein, Zitronensaft, Salz, Pfeffer, Lorbeer und die geviertelte
Zwiebel zum Kochen bringen.

2. Riesengarnelen waschen (evtl. die Därme heraus-
ziehen) und mit den Kräutern in den Sud geben.
Die Herdplatte ausschalten und die Garnelen in dem
Sud zugedeckt 8–10 Minuten ziehen lassen.
Dann von der Herdplatte nehmen und im Sud ab-
kühlen lassen.

3. Brunnenkresseblätter mit einer Schere von
den Stielen schneiden und zusammen mit Limettensaft, Senf und Öl mit dem Schneidstab pürieren.
Parmesan und Crème fraîche unterrühren. Püree mit
Salz, Pfeffer und Zucker würzen.

4. Pinienkerne in einer Pfanne ohne Fett goldbraun
rösten. Die abgetropften Riesengarnelen mit
Brunnenkresse-Pesto, Pinienkernen und Limetten-
spalten anrichten. Dazu passen knusprig auf-
gebackenes Meterbrot und Brunnenkressesalat mit
Vinaigrette.

Zubereitungszeit: 1 Stunde
Pro Portion 27 g E, 17 g F, 4 g KH = 274 kcal (1143 kJ)

Gebratene Dorade

Doraden oder Goldbrassen sind in der mediterranen Küche besonders beliebt. Hier werden sie mit getrockneten Tomaten, Pfefferschoten und Olivenöl serviert.

Für 4 Portionen:

1 Knoblauchzehe
1 mittelgroße rote Pfefferschote
1 Bund glatte Petersilie
30 g getrocknete Tomaten in Öl
4 Doraden rosé (à 450 g, geschuppt und ausgenommen; ersatzweise 4 Zanderfilets mit Haut à 200 g)
Salz, Pfeffer
140 ml Olivenöl
1–2 El Zitronensaft
4 El Staudenselllerieblätter

1. Knoblauch pellen und sehr fein würfeln. Pfefferschote längs halbieren, entkernen und fein würfeln. Petersilienblätter fein hacken. Getrocknete Tomaten fein würfeln.

2. Die Haut der Doraden mit einem scharfen Messer nur sehr leicht einritzen, von beiden Seiten salzen und pfeffern.

3. Doraden portionsweise in jeweils 1 El Öl von beiden Seiten goldbraun anbraten und auf ein mit Alufolie ausgelegtes Backblech legen. Im vorgeheizten Backofen bei 200 Grad (Gas 3, Umluft 10–15 Minuten bei 180 Grad) auf der 2. Einschubleiste von unten 15 Minuten braten.

4. Inzwischen das restliche Olivenöl nicht zu stark erhitzen. Knoblauch, Pfefferschote und getrocknete Tomaten darin anschwitzen. Mit Salz, Pfeffer, Zitronensaft und Petersilie würzen.

5. Die Doraden auf Teller verteilen, mit der Olivenöl-Tomaten-Mischung servieren und mit den grob geschnittenen Staudensellerieblättern bestreuen. Dazu passt Blattspinat mit Pinienkernen.

Zubereitungszeit: 45 Minuten
Pro Portion 39 g E, 39 g F, 2 g KH = 513 kcal (2150 kJ)

Mediterraner Fischtopf

Tintenfisch, Brasse und Seeteufel sind die feinen Bestandteile des raffinierten Fischgerichts. Das Aroma von Wacholder, Knoblauch und Fenchelsaat macht es vollkommen.

Für 6 Portionen:

2 Knoblauchzehen
3 Wacholderbeeren
14 El Olivenöl
1/2 Tl Fenchelsaat
1 Lorbeerblatt
1 Dose Tomaten in Stücken (400 g)
400 ml Fischfond
Salz, schwarzer Pfeffer
2 kleine Zucchini (à 150 g)
1 Bund Frühlingszwiebeln
500 g grüner Spargel
1 Fenchelknolle (350 g)
12 Scheiben Ciabatta (italienisches Brot)
3 mittelgroße Sepiatuben (à 100 g, geputzt und gehäutet)
6 Brassenfilets mit Haut (à 50 g, ersatzweise Zanderfilets mit Haut)
6 Seeteufelfilets (à 50 g)
1/2 Bund glatte Petersilie
10 Blätter Basilikum

1. Knoblauch pellen und fein würfeln. Wacholder grob zerdrücken. 1 El Olivenöl in einem Topf erhitzen, die Hälfte der Knoblauchwürfel darin ohne Farbe anschwitzen. Wacholder, Fenchelsaat, Lorbeer, Tomaten und Fischfond dazugeben und auf die Hälfte einkochen lassen, mit Salz und Pfeffer würzen. Dann durch ein Sieb in einen anderen Topf gießen und beiseite stellen.

2. Zucchini putzen, längs halbieren und schräg in Scheiben schneiden. Frühlingszwiebeln putzen und in 2 cm große Stücke schneiden.

3. Spargel putzen, nur das untere Drittel schälen. Spargelstangen bis auf die Spitzen längs halbieren und in 5 cm lange Stücke schneiden. Fenchel putzen, in 1/2 cm dicke Scheiben schneiden. Spargel und Fenchel nacheinander in kochendem Salzwasser 2–3 Minuten bissfest garen, abschrecken, abtropfen lassen. Brotscheiben unter dem Grill von beiden Seiten goldbraun rösten.

4. Sepiatuben waschen, mit Küchenpapier abtrocknen, aufschlitzen und in etwa 1/2 cm dicke Streifen schneiden. Die Fischfilets und Sepiastreifen mit Pfeffer würzen und nacheinander in jeweils 2 El Öl in einer beschichteten Pfanne von beiden Seiten anbraten. In eine Arbeitsschale legen.

5. Zucchini, Frühlingszwiebeln, Spargel, Fenchel und restlichen Knoblauch in einem großen Topf mit 3 El Öl ohne Farbe anschwitzen, mit Tomatenfond auffüllen und 10 Minuten bei milder Hitze zugedeckt kochen lassen. Nach 10 Minuten die Seeteufelfilets, Brassenfilets und Sepiastreifen dazugeben und bei milder Hitze in ca. 10 Minuten nur noch gar ziehen lassen.

6. Petersilie grob hacken. Basilikumblätter in Streifen schneiden. Brotscheiben in 6 tiefen Tellern verteilen und mit je 1 El Olivenöl beträufeln. Den Fisch, das Gemüse und den Tomatenfond vorsichtig (damit der Fisch nicht zerfällt) auf die Teller verteilen, mit den Kräutern und Pfeffer aus der Mühle bestreuen.

Zubereitungszeit: 1 Stunde
Pro Portion 33 g E, 24 g F, 29 g KH = 484 kcal (2026 kJ)

Goldbrasse mit Fenchel

Der Geschmack der Provence: Dorade au fenouil, Goldbrassenfilets auf Fenchel,
werden mit hellbrauner Raukebutter angerichtet.

Für 4 Portionen:

6 Knoblauchzehen
4 Schalotten
1 kg Tomaten
2 Fenchelknollen (ca. 600 g)
2 Goldbrassen oder andere festfleischige
Mittelmeerfische (vom Fischhändler filiert,
mit Haut, geschuppt)
100 g Butter
Salz, schwarzer Pfeffer
8 El kaltgepresstes Olivenöl
50 g Raukeblätter (gehackt)
50 ml Fischfond
2 El Zitronensaft

1. Ungepellte Knoblauchzehen längs halbieren.
Schalotten pellen und fein würfeln. Stielansätze keilförmig aus den Tomaten herausschneiden, Tomaten
einritzen, kurz in siedendes Wasser geben, abschrecken und häuten. Fenchel putzen, das Grün entfernen, Knollen in etwa 1/2 cm dicke Scheiben
schneiden, den Strunk keilförmig herausschneiden.
Mit einer Pinzette die verbliebenen Gräten aus
den Fischfilets ziehen. Fisch waschen und trockentupfen. Die Hautseite mit einem scharfen Messer
einritzen.

2. Schalottenwürfel in 20 g Butter andünsten.
Tomaten dazugeben, salzen und pfeffern. Im vorgeheizten Backofen bei 200 Grad (Gas 3, Umluft 200 Grad) auf der 2. Einschubleiste von unten
15 Minuten garen. Dann den Backofen ausschalten
und die Tomaten darin warm halten. Fenchel-
scheiben portionsweise in 4 El Olivenöl bei mittlerer
Hitze mit den Knoblauchzehen von jeder Seite
3 Minuten braten. Salzen, pfeffern und ebenfalls
im Backofen warm halten.

3. Fischfilets salzen, pfeffern und bei starker Hitze
im restlichen Olivenöl auf der Hautseite 3 Minuten braten, dann auf der anderen Seite ebenfalls
3 Minuten braten. Restliche Butter in einem
kleinen Topf aufschäumen lassen, Raukeblätter dazugeben und darin leicht anbraten. Fischfond
dazugeben, 2 Minuten einkochen lassen und mit
Salz, Pfeffer und Zitronensaft würzen.

4. Tomaten auf vier Tellern anrichten, Fenchel-
scheiben, Knoblauch und Fischfilets darauf setzen
und mit der Raukebutter beträufeln.

Zubereitungszeit: 1 Stunde
Pro Portion 23 g E, 41 g F, 21 g KH = 565 kcal (2363 kJ)

Steinbutt auf Muscheln

Edel: Mediterraner Mix aus Steinbutt, Venusmuscheln und Weißwein.

Für 4 Portionen:

1 kg Venusmuscheln
200 g Möhren
100 g Schalotten
2 Knoblauchzehen
2 Fenchelknollen (à 300 g)
3 El Olivenöl
50 ml Weißwein
150 ml Fischfond
3 Lorbeerblätter
4 Stiele Thymian
Salz, Pfeffer
8 Steinbuttfilets
(à 80 g, küchenfertig, ohne Haut)

1. Muscheln in kaltem Wasser insgesamt 30 Minuten wässern, das Wasser währenddessen zweimal wechseln. Geöffnete Muscheln aussortieren.

2. Möhren schälen und sehr fein würfeln. Schalotten und Knoblauch pellen, ebenfalls sehr fein würfeln. Fenchel putzen, halbieren und den Strunk herausschneiden. Fenchel in 4 mm dünne Streifen schneiden. Fenchelgrün grob hacken und beiseite stellen.

3. 1 El Olivenöl in einer großen Pfanne erhitzen, die Muscheln darin kurz anbraten. Weißwein, Fischfond, Lorbeer und Thymian dazugeben und zugedeckt 5–8 Minuten kochen lassen, bis sich die Muscheln geöffnet haben. Muscheln in ein Sieb geben, die Flüssigkeit dabei auffangen. Geschlossene Muscheln aussortieren.

4. Das restliche Olivenöl in der Pfanne erhitzen und das vorbereitete Gemüse darin anbraten. Mit dem aufgefangenen Muschelfond auffüllen und zugedeckt bei milder Hitze 15–20 Minuten garen. Mit Salz und Pfeffer würzen.

5. Steinbuttfilets salzen, pfeffern, in die Pfanne auf das Gemüsebett setzen und ca. 10 Minuten garen, in den letzten 5 Minuten die Muscheln dazugeben und darin erwärmen. Mit Fenchelgrün bestreuen. Dazu passt Baguette.

Zubereitungszeit: 1 Stunde
Pro Portion 37 g E, 11 g F, 11 g KH = 298 kcal (1248 kJ)

Seeteufel-Saltimbocca

Das saftige Fleisch des Fisches wird nach der Saltimbocca-Methode mit Parmaschinken und Salbei gefüllt.

Für 4 Portionen:

4 Seeteufelmedaillons (à 100 g, aus dem dicken Mittelstück, küchenfertig gehäutet)
4 dünne Scheiben Parmaschinken (à 10 g)
16 Salbeiblätter
800 g kleine fest kochende Kartoffeln
Salz
1 Bund schmalblättrige Rauke
40 g getrocknete Tomaten in Öl
1 Tl grobes Salz
Pfeffer
2 El Öl
50 g Butter
Außerdem
Holzstäbchen

1. Seeteufelmedaillons mit einem scharfen Messer waagerecht so aufschneiden, dass sie an einem Ende noch zusammenhängen. Medaillons aufklappen, zwischen zwei Lagen Klarsichtfolie leicht flach klopfen, mit je 1 Scheibe Parmaschinken und 2 Salbeiblättchen füllen und mit Holzstäbchen zusammenstecken. Abgedeckt kühl stellen.

2. Kartoffeln mit Schale in Salzwasser 15–20 Minuten bissfest kochen. Währenddessen Rauke putzen, waschen und sorgfältig trockentupfen. Tomaten abtropfen lassen, dabei das Öl auffangen.

3. Kartoffeln abgießen, ausdämpfen lassen und noch warm pellen. 3 El vom Tomatenöl in einer Pfanne erhitzen, Kartoffeln und Tomatenstücke darin 3 Minuten anbraten. Zum Schluss die Raukeblätter dazugeben, mit grobem Salz und Pfeffer würzen und warm halten.

4. Öl in einer beschichteten Pfanne erhitzen, gefüllte Seeteufelmedaillons von beiden Seiten mit Salz und Pfeffer würzen und bei starker Hitze insgesamt 5 Minuten braten, dabei einmal wenden. Aus der Pfanne nehmen.

5. In derselben Pfanne die Butter aufschäumen lassen, die restlichen Salbeiblätter dazugeben und durchschwenken. Seeteufel-Saltimbocca mit Salbeibutter und Kartoffeln servieren.

Zubereitungszeit: 1 Stunde
Pro Portion 21 g E, 19 g F, 27 g KH = 366 kcal (1532 kJ)

SALBEI
Das typische Mittelmeerkraut schmeckt am besten frisch zu Fisch, Fleisch oder Gnocchi in Salbeibutter. Es fehlt nie an Saltimbocca, dem Gericht aus Kalbsfilet, Parmaschinken und eben den graugrünen, filzigen Blättern.

Gespickter Seeteufel

Beliebt in der Toskana: Mit Rosmarin und Sardellen gewürzter Fisch auf einem Bett aus Tomaten.

Für 4 Portionen:

1 Glas Sardellen (35 g EW)
1 Zweig Rosmarin
1 Seeteufel
(küchenfertig, 1,2 kg)
3 El Zitronensaft
grober schwarzer Pfeffer
2 Zwiebeln
1 Knoblauchzehe
10 El Olivenöl
1 El Tomatenmark
1 El Paprikapulver (edelsüß)
1 Dose geschälte Tomaten
(800 g EW)
Salz
1/2 Tl Zucker
Cayennepfeffer

1. Sardellen kalt abspülen und in 2 cm lange Stücke schneiden. Rosmarin in Büscheln abzupfen. Fisch säubern, mit Zitronensaft beträufeln und kräftig mit Pfeffer würzen, dann mit Sardellen und Rosmarin spicken. Mit restlichem Rosmarin bestreuen und abgedeckt kalt stellen.

2. Für die Sauce Zwiebeln und Knoblauch pellen. Zwiebeln fein würfeln. 4 El Olivenöl in einer großen Pfanne erhitzen. Knoblauch hineinpressen. Zwiebeln dazugeben und unter Rühren glasig andünsten. Tomatenmark und Paprikapulver unterrühren und anschwitzen.

3. Tomaten im Sieb abspülen und dazugeben, mit einem Kochlöffel fein zerkleinern. Mit Salz, Zucker und Cayennepfeffer würzen und offen bei mittlerer Hitze in etwa 20 Minuten dick einkochen lassen.

4. Tomatensauce in eine flache Gratinform gießen, den Fisch leicht salzen und darauf setzen. Mit dem restlichen Olivenöl beträufeln. Im vorgeheizten Backofen bei 200 Grad (Gas 3, Umluft 180 Grad) auf der untersten Einschubleiste 20–25 Minuten garen. Dann auf der 2. Einschubleiste von oben weitere 5–10 Minuten garen.

Zubereitungszeit: 1 1/2 Stunden
Pro Portion 50 g E, 29 g F, 10 g KH = 525 kcal (2195 kJ)

ROSMARIN
Wie Thymian und Salbei zählt der Rosmarin zu den klassischen Kräutern der Mittelmeerküche. Die kräftigen Nadeln entwickeln ihre Würzkraft am besten mit Hitze. Deshalb sollte man sie immer von Beginn an mitgaren.

Kabeljau auf süß-saurer Peperonata

Das klassische Paprikagemüse passt hervorragend zu dem dezent gewürzten Kabeljau.

Für 2 Portionen:

je 1 rote und gelbe Paprikaschote
100 g Schalotten
2 El Puderzucker
5 El Olivenöl
3–4 El Rotweinessig
200 ml Rotwein
4 Stiele Minze
200 ml Gemüsefond

1 Zitrone
350 g Kabeljaufilet
Salz, schwarzer Pfeffer
1 Tl Senfkörner
1 Tl Fenchelsaat
20 g Hartweizengrieß
1 El Semmelbrösel

1. Paprika vierteln, entkernen und mit der Hautseite nach oben auf ein Blech legen. Unter dem vorgeheizten Backofengrill auf der 2. Einschubleiste von unten 8–10 Minuten grillen, bis die Haut schwarze Blasen wirft. Paprika in einem Gefrierbeutel 5 Minuten ausdämpfen lassen. Dann die Haut abziehen und die Paprika in 5 cm große Rauten schneiden.

2. Schalotten pellen und fein würfeln. Puderzucker in eine Schüssel sieben. In einem Topf 2 El Olivenöl erhitzen, Schalotten darin ohne Farbe andünsten, mit Puderzucker bestreuen und leicht karamellisieren. Mit Rotweinessig und Rotwein ablöschen und 2–3 Minuten bei mittlerer Hitze kochen. Die Blätter von 3 Minzestielen abzupfen, in Streifen schneiden und zu den Schalotten geben. Bei milder Hitze auf die Hälfte einkochen lassen. Mit Gemüsefond auffüllen und weitere 5 Minuten kochen. Beiseite stellen.

3. Zitrone halbieren, Saft auspressen. Kabeljaufilet in 4 Stücke schneiden, mit Salz, Pfeffer und Zitronensaft würzen.

4. Senfkörner und Fenchelsaat in einem Mörser zerstoßen, mit Grieß und Bröseln mischen. Kabeljau nur auf einer Seite in die Gewürzmischung drücken.

5. Restliches Olivenöl in einer Pfanne erhitzen. Kabeljau darin auf der panierten Seite bei mittlerer Hitze anbraten. Nach 2 Minuten den Fisch wenden und weitere 2–3 Minuten braten.

Aal in Tomatensauce

Aal, wie man ihn in Italien genießt: mit Schinken umwickelt
und in Tomatensauce geschmort.

Für 4 Portionen:

500 g Aal (küchenfertig)
Salz, schwarzer Pfeffer
6 Scheiben Parmaschinken
(ca. 50 g)
6 Knoblauchzehen
200 g Zwiebeln
100 g Staudensellerie
1 Hand voll Salbeiblätter
1 kleiner Zweig Rosmarin
300 g reife Tomaten
6 El Olivenöl
2 El Weißweinessig
200 ml trockener Weißwein
Zucker
1/2 Bund glatte Petersilie

1. Vom Aal die Seitenflossen mit einer Schere abschneiden. Aal waschen, trockentupfen und in
12 Stücke schneiden. Mit wenig Salz, aber viel Pfeffer
würzen. Parmaschinken längs durchschneiden und
jedes Stück Aal in je 1/2 Scheibe Schinken wickeln.

2. Knoblauch pellen und längs in Scheiben
schneiden. Zwiebeln pellen und sechsteln. Sellerie
putzen und in Scheiben schneiden. Die Hälfte
vom Salbei grob zerschneiden. Rosmarinnadeln abstreifen. Tomaten einritzen, kurz in siedendes
Wasser geben, abschrecken, häuten und vierteln.
Saft und Kerne herausdrücken.

3. Aalstücke in einem schweren flachen Bräter in
4 El heißem Öl von beiden Seiten goldbraun anbraten und an den Rand des Bräters schieben. In der
Mitte Knoblauch, Sellerie und Zwiebeln unter Rühren
glasig andünsten. Salbei und Rosmarin untermischen. Mit Essig ablöschen. Wein dazugießen.

4. Aalstücke zwischen das Gemüse schieben, die
Tomaten auf den Bräter verteilen. Mit Salz, Pfeffer
und 1 Prise Zucker würzen. Zugedeckt 10 Minuten
bei schwacher Hitze garen, dann den Aal wenden
und weitere 10 Minuten ohne Deckel bei etwas
stärkerer Hitze weitergaren.

5. Inzwischen Petersilie abzupfen und grob hacken.
Restliche Salbeiblätter im restlichen Öl knusprig
braten und auf Küchenpapier abtropfen lassen. Dann
mit der Petersilie über den Aal streuen.

Zubereitungszeit: 1 1/4 Stunden
Pro Portion 23 g E, 50 g F, 9 g KH = 611 kcal (2553 kJ)

6. Schalottensud erhitzen,
Paprika darin einmal aufkochen
und 2 Minuten ziehen lassen.
Paprika und Schalotten mit einer
Schaumkelle herausnehmen, auf
eine vorgewärmte Platte legen.
Etwas Sud darüber träufeln, Fisch
darauf legen und mit der restlichen Minze garnieren.

Zubereitungszeit: 1 Stunde
Pro Portion 35 g E, 27 g F, 32 g KH =
532 kcal (2222 kJ)

Gemüse

Aus einem Korb voller Artischocken, Paprikaschoten und Spargel lässt sich die mediterrane Gemüseküche auf den Gipfel der Geschmackserlebnisse treiben. Seit jeher spielen Tomaten, Paprika und Zucchini eine gleichberechtigte Rolle neben Fleisch und Fisch. Ganz klar, dass sie mit so viel Aufmerksamkeit zubereitet werden, als würde es sich um einen Sonntagsbraten handeln

Ofengemüse mit Ziegenfrischkäse

Mehr Gemüse und mehr Frische gibt es auf einem Blech nicht: gegarte Kartoffeln, Zwiebeln und Tomaten mit einem Dip aus pfeffrigem Frischkäse.

Für 4 Portionen:

Gemüse
5 El Olivenöl
500 g kleine fest kochende Kartoffeln
200 g kleine Zwiebeln
1 Bund Thymian
50 g Sonnenblumenkerne
1 El Schwarzkümmel
1 Tl grobes Meersalz
grob zerstoßener schwarzer Pfeffer
2 rote Paprikaschoten
1 schlanke Aubergine (250 g)
2 Zucchini (à 200 g)
300 g kleine Tomaten
Ziegenfrischkäse
1 Bund Schnittknoblauch
1 Tl rosa Pfefferkörner
300 g Ziegenfrischkäse
8–10 El Milch
Salz, weißer Pfeffer

1. Ein Backblech mit Backpapier belegen und mit 1 El Öl bestreichen. Kartoffeln gründlich waschen, mit der Schale längs halbieren und mit der Schnittfläche nach unten auf das Blech legen. Zwiebeln pellen und längs vierteln. Zu den Kartoffeln geben. Im vorgeheizten Backofen bei 200 Grad (Gas 3, Umluft nicht empfehlenswert) auf der 2. Einschubleiste von unten 15 Minuten garen.

2. Thymianblättchen abzupfen, Sonnenblumenkerne grob hacken. Thymian, Sonnenblumenkerne, Schwarzkümmel, Meersalz und Pfeffer mischen.

3. Paprikaschoten vierteln, entkernen und in 2 cm breite Stücke schneiden. Aubergine und Zucchini putzen, längs halbieren, in 1 cm dicke Scheiben schneiden. Auberginenscheiben direkt auf das Backpapier legen. Paprika und Zucchini ebenfalls darauf verteilen und mit der Hälfte der Thymian-Kern-Mischung bestreuen. 2 El Öl darüber träufeln. Im Backofen weitere 15 Minuten garen.

4. Tomaten quer halbieren. Ofengemüse wenden und die Tomaten dazwischensetzen. Restliche Thymian-Kern-Mischung und restliches Öl darüber verteilen. Weitere 15 Minuten garen.

5. Schnittknoblauch klein schneiden, Pfeffer grob hacken. Frischkäse mit der Milch verrühren. Schnittknoblauch und Pfeffer unterheben, salzen und pfeffern. Zum Ofengemüse servieren.

Zubereitungszeit: 50 Minuten
Pro Portion 19 g E, 45 g F, 30 g KH = 606 kcal (2539 kJ)

Gefüllte Tomaten

Schmecken heiß oder lauwarm: Tomaten mit einer Füllung aus Oliven, Pinienkernen und Parmesan.

Für 6 Portionen:

6 Fleischtomaten (ca. 650 g)
100 g gemischte Oliven
30 g Pinienkerne
30 g Weizentoastbrot
1 Knoblauchzehe
30 g Parmesan
2 Stiele Basilikum
Salz, schwarzer Pfeffer
2 El Olivenöl

1. Von den gewaschenen Tomaten kleine Deckel abschneiden. Deckel würfeln und die Tomaten aushöhlen. Olivenfleisch von den Steinen schneiden und grob hacken.

2. Pinienkerne in einer Pfanne ohne Fett goldbraun rösten. Toastbrot fein zerkrümeln. Knoblauch pellen und durchpressen. Parmesan raspeln. Basilikum abzupfen, eventuell klein schneiden.

3. Alle vorbereiteten Zutaten mischen, mit Salz und Pfeffer würzen und mit dem Öl beträufeln. In die Tomaten füllen und locker aufhäufen.

4. Tomaten auf eine ofenfeste Platte setzen und bei 200 Grad (Gas 3, Umluft 18–20 Minuten bei 175 Grad) auf der 2. Einschubleiste von unten 20–25 Minuten backen. Heiß oder lauwarm servieren. Dazu passen italienisches Brot und Oliven.

Zubereitungszeit: 50 Minuten
Pro Portion 4 g E, 12 g F, 7 g KH = 154 kcal (645 kJ)

Grünes Gemüse mit Tomatenröstbrot und Thunfischsauce

Grün und frisch wie der Sommer:
Bohnen, Zucchini und Spargel mit cremiger Thunfischsauce.

Für 4–6 Portionen:

2 Eigelb
3 El Zitronensaft
Salz
150 ml Öl
60 g Thunfisch in Öl (Dose)
Pfeffer
100 g Baguette
8 El Olivenöl
1/2 Dose geschälte Tomaten
(400 g EW)
3 El glatte Petersilie
(grob gehackt)
750 g grüner Spargel
300 g grüne Bohnen
400 g Zucchini
Zucker
2 Knoblauchzehen
(durchgepresst)

1. Eigelb mit 2 El Zitronensaft und 1 Prise Salz im Rührbecher cremig schlagen. Öl zuerst tropfenweise, dann in dünnem Strahl mit den Quirlen des Handrührers auf höchster Stufe unterschlagen.

2. Abgetropften Thunfisch und Pfeffer mit dem Schneidstab untermixen. Sauce durch ein Sieb gießen, die Reste mit einem Löffel ausdrücken, aber nicht durchstreichen. Sauce mit Salz und Zitronensaft nachwürzen.

3. Baguette etwa 2 cm groß würfeln und in 4 El heißem Olivenöl leicht anrösten und salzen.

4. Tomaten abspülen, gut ausdrücken, zerzupfen und mit der Petersilie untermischen. Bei starker Hitze unter Wenden 2–3 Minuten kräftig braten, dann auf ein Backblech geben. Im vorgeheizten Backofen bei 200 Grad (Gas 3, Umluft 180 Grad) auf der 2. Einschubleiste von oben 5 Minuten rösten, herausnehmen.

5. Spargelenden großzügig abschneiden (für ein anderes Gericht verwenden). Bohnen putzen. Zucchini in bohnenlange und spargeldicke Stifte schneiden.

6. Bohnen in Salzwasser 12–15 Minuten kochen, abtropfen lassen.

7. Inzwischen den Spargel im restlichen Olivenöl andünsten, mit Salz und 1 Prise Zucker würzen. Mit 50 ml Wasser zugedeckt 5 Minuten dünsten. Mit einer Schaumkelle herausheben, auf einer Platte anrichten und in den noch warmen Backofen stellen.

8. Zucchini im Bratfond andünsten, mit Salz, Pfeffer und Knoblauch würzen. 2 Minuten sanft braten, dann mit der Schaumkelle herausheben und auf die Platte geben, wieder warm stellen. Bohnen im Bratfond schwenken, herausheben und anrichten.

9. Den restlichen Fond durch ein Sieb unter die Thunfischsauce rühren, Sauce mit den Brotwürfeln zum Gemüse servieren. Dazu passen schwarze Oliven.

Zubereitungszeit: 1 Stunde
Pro Portion (bei 6 Portionen)
9 g E, 38 g F, 15 g KH = 438 kcal (1836 kJ)

Tarte Tatin mit Tomaten

Normalerweise kennt man die Tarte Tatin als süßen, gestürzten Apfelkuchen. Hier werden stattdessen reife Tomaten und Schalotten in bittersüßem Karamell als Belag verwendet.

Für 12 Portionen:

Teig
250 g Mehl
125 g gekühlte Butter
1 Ei (Kl. M), 1 El Milch
1 gestrichener Tl Zucker
1 gestrichener Tl Salz
Mehl zum Bearbeiten
Belag
250 g Schalotten (8 Stück)
500 g Flaschentomaten
(10 Stück)
3 El Öl, 50 g Puderzucker
Salz, schwarzer Pfeffer
(grob gemahlen)
200 g junger Ziegenkäse
1/2 Bund Basilikum

1. Mehl in eine Schüssel geben und eine Mulde hineindrücken. Butter grob würfeln und mit Ei, Milch, Zucker und Salz in die Mulde geben. Alle Zutaten zu einem glatten Teig verkneten. Teig zu einer Kugel formen, in Klarsichtfolie wickeln und 30 Minuten kühl stellen.

2. Inzwischen Schalotten pellen und längs halbieren. Aus den Tomaten die Stielansätze keilförmig herausschneiden. Tomaten längs halbieren und mit der Schnittfläche auf Küchenpapier legen.

3. Öl in einer Pfanne erhitzen, Schalotten portionsweise mit der Schnittfläche nach unten in die Pfanne legen und 2–3 Minuten bräunen, danach wenden und weitere 2 Minuten von der anderen Seite braten.

4. Eine schwere Tarteform (30 cm Ø) auf der Herdplatte erwärmen. Puderzucker in einem Topf zu kräftig braunem Karamell schmelzen lassen. Karamell sofort in die Tarteform gießen und möglichst breit verlaufen lassen. Form von der Herdplatte nehmen.

5. Schalotten und Tomaten im Wechsel mit der Schnittfläche nach unten kreisförmig in die Form legen, salzen und pfeffern. Käse in 1/2 cm dünne Scheiben schneiden und gleichmäßig auf dem Gemüse verteilen.

6. Teig auf der bemehlten Arbeitsfläche auf 30 cm Ø ausrollen, auf die Form legen und den Rand festdrücken. Die Teigoberfläche mehrfach mit einer Gabel einstechen.

7. Die Tarte im vorgeheizten Backofen bei 180 Grad (Gas 2–3, Umluft nicht empfehlenswert) auf der 2. Einschubleiste von unten 40 Minuten backen. Falls der Teig nach Ende der Backzeit noch nicht gebräunt ist, bei eingeschaltetem Grill oder starker Oberhitze 5 Minuten nachbräunen.

8. Tarte aus dem Ofen nehmen und eine Servierplatte darauf legen. Form und Platte mit zwei Topflappen fest anfassen und so schnell umdrehen, dass die Tarteform mit dem Boden nach oben auf der Servierplatte liegt. Die Tarte 5 Minuten abkühlen lassen. Mit einem schweren Messer auf den Tarteformboden klopfen und die Tarteform abheben. Sollten noch Schalotten oder Tomaten am Boden haften, so nimmt man sie ab und drückt sie in die Oberfläche. Die Tarte mit Basilikumblättern bestreuen und lauwarm servieren.

Zubereitungszeit: 1 1/2 Stunden
Pro Portion 6 g E, 15 g F, 22 g KH = 248 kcal (1041 kJ)

Kleine gefüllte Paprikaschoten in Orangen-Minze-Vinaigrette

So liebt man Mini-Paprikas auf Sizilien: mit herzhafter Sardellenfüllung und erfrischender Sauce aus Orangen und Minze.

Für 4 Portionen:

12 rote Mini-Paprikaschoten (à 20 g, keine Pfefferschoten!)
4 Eier
10 Sardellenfilets (in Öl)
2 Scheiben Weizentoastbrot
1 Knoblauchzehe (durchgepresst)
12 El Olivenöl
1 Bund glatte Petersilie
4 El Zitronensaft
Salz, schwarzer Pfeffer
200 ml Orangensaft (frisch gepresst)
Zucker
Koriander (gemahlen)
3 Stiele Minze

1. Die ganzen Paprikaschoten auf einem Backblech auf der 2. Einschubleiste von oben unter dem heißen Grill ca. 6 Minuten rösten, dabei einmal wenden. Paprikaschoten 10 Minuten mit einem feuchten Küchentuch bedecken, dann vorsichtig häuten und jeweils seitlich einmal einschneiden. Das Innere durch diese Einschnitte herauslösen.

2. Eier hart kochen, abschrecken und pellen. Eiweiß und Eigelb getrennt fein würfeln. Sardellenfilets waschen und fein würfeln. Toastbrot sehr fein würfeln und mit dem Knoblauch unter Wenden in 3 El Olivenöl goldbraun rösten. Petersilie abzupfen und fein hacken.

3. Eier, Sardellen, Brotwürfel und Petersilie mit 2 El Zitronensaft und 4 El Olivenöl locker mischen, mit Salz und Pfeffer würzen. Die Füllung durch die Einschnitte in die Schoten füllen.

4. Orangensaft auf 80 ml einkochen lassen. Mit restlichem Zitronensaft, restlichem Olivenöl, Salz, Pfeffer, je 1 Prise Zucker und Koriander verrühren. Minze, bis auf einige Blätter für die Dekoration, fein schneiden und unter die Vinaigrette mischen.

5. Paprikaschoten auf Tellern anrichten, mit der Vinaigrette beträufeln und mit Minzeblättern garnieren.

Zubereitungszeit: 1 1/4 Stunden
Pro Portion 12 g E, 38 g F, 16 g KH = 452 kcal (1893 kJ)

Bunte Gemüse mit Gurkenjoghurt

Das schmeckt an heißen Tagen: Blumenkohl, Paprika und Zucchini mit kühlem Gurkenjoghurt.

Für 4–6 Portionen:

1 große rote Paprikaschote
1 kleiner Blumenkohl (800 g)
Salz
100 g rote Zwiebeln
1 Zucchini
1 kleine Peperoni
40 g Rosinen, 2 El Zitronensaft
1 Salatgurke
400 g griechischer Sahnejoghurt
Pfeffer
1–2 Tl Sumach (türkisches Gewürz)
3 El Öl
2–3 El Weißweinessig, 200 ml Gemüsefond
1 Msp. Safranfäden, 1/2 Tl Speisestärke
1 El glatte Petersilie (gehackt)
1 El Schwarzkümmel

1. Paprika vierteln, entkernen und mit der Hautseite nach oben auf ein Backblech legen. Unter dem Backofengrill 4–5 Minuten rösten, mit einem feuchten Tuch abdecken, häuten und in 2 cm große Stücke schneiden.

2. Blumenkohl putzen, in kleine Röschen schneiden, in Salzwasser 5 Minuten kochen, abschrecken und abtropfen lassen. Zwiebeln pellen und fein würfeln. Zucchini längs vierteln und in 1 cm große Stücke schneiden. Peperoni halbieren, entkernen und fein würfeln. Rosinen mit Zitronensaft mischen.

3. Gurke schälen, längs halbieren und die Kerne herausschaben. Gurke grob raspeln, salzen und 15 Minuten ziehen lassen. Joghurt mit Pfeffer und Salz würzen. Gurkenraspel gut ausdrücken, unter den Joghurt heben und mit Sumach bestreuen.

4. Zucchini im heißen Öl anbraten. Blumenkohl, Zwiebeln und Peperoni dazugeben und 5 Minuten braten; in der letzten Minute Rosinen mit Zitronensaft dazugeben. Gemüse herzhaft mit Salz und Pfeffer würzen, aus der Pfanne nehmen und warm halten.

5. Essig, Fond und Safran in die Pfanne geben und 1 Minute kochen. Stärke mit etwas kaltem Wasser verrühren und den Fond damit binden. Gemüse und Paprika dazugeben, unter Rühren einmal aufkochen und mit Petersilie und Schwarzkümmel bestreuen. Mit Gurkenjoghurt servieren. Dazu passt mit Knoblauch geröstetes Fladenbrot.

Zubereitungszeit: 1 Stunde
Pro Portion (bei 6 Portionen) 6 g E, 12 g F, 13 g KH = 189 kcal (795 kJ)

Crespelle mit Spinat

Pfannkuchen, mit Spinat, Steinpilzen und Tomaten gefüllt, schmecken als Vorspeise oder kleines Hauptgericht.

Für 4–6 Portionen:

5 g getrocknete Steinpilze
80 g Mehl
Salz, Zucker
30 g Butter
4 Eier (Kl. M)
80 ml Öl
2 Zwiebeln
8 junge Knoblauchzehen
10 El Olivenöl
1 kg Wurzelspinat
250 g Steinpilze (frisch oder TK)
Pfeffer
1 Dose geschälte Tomaten
(400 g EW)
Zucker
30 g milder Fontina-Käse

1. Getrocknete Steinpilze in 250 ml lauwarmem Wasser einweichen und beiseite stellen.

2. Mehl mit je 1 Prise Salz, Zucker und 300 ml Wasser glatt verquirlen. 10 Minuten ausquellen lassen. Butter bei schwacher Hitze schmelzen, abkühlen lassen und mit den Eiern unterschlagen.

3. Aus dem Teig nacheinander in einer beschichteten Pfanne (22 cm Ø) 8–10 sehr dünne Pfannkuchen hellgelb backen. Dabei jedes Mal den Teig durchrühren und die Pfanne mit 1 Tl Öl auspinseln. Fertige Crespelle zwischen dünn geölter Folie aufbewahren.

4. Für den Saucenfond Zwiebeln und 2 Knoblauchzehen pellen und hacken. In 1 El Olivenöl andünsten. Steinpilze mit Einweichwasser dazugeben, offen bei mittlerer Hitze auf die Hälfte einkochen. Saucenfond durch ein sehr feines Sieb gießen, die Reste im Sieb ausdrücken.

5. Den Spinat von den Blattrippen abreißen und mehrfach in stehendem Wasser waschen. In kräftig kochendes Salzwasser geben, einmal aufkochen und durch ein Sieb abgießen. Spinat abschrecken, im Mulltuch ausdrücken und zerzupfen.

6. Restlichen Knoblauch pellen, längs halbieren und in 3 El Olivenöl glasig dünsten. Spinat darin wenden und mit Salz würzen. Die Steinpilze grob würfeln (TK-Pilze vorher kalt abspülen) und in 2 El Olivenöl kräftig anbraten. Saucenfond dazugießen, mit Salz und Pfeffer würzen und einmal aufkochen. Spinat und Pilze abkühlen lassen.

7. Die Crespelle mit je 1 Portion Spinat und 1 El Steinpilzen füllen und zusammengeklappt in eine dünn mit Öl ausgepinselte ofenfeste Form legen. Tomaten abgießen, abspülen, ausdrücken und mit Salz und 1 Prise Zucker würzen, in der Form verteilen.

8. Käse fein raspeln und auf die Oberfläche streuen, mit dem restlichen Olivenöl beträufeln. Crespelle im vorgeheizten Backofen bei 200 Grad (Gas 3, Umluft 175 Grad) auf der 2. Einschubleiste von unten 12–15 Minuten backen, bis die Ränder der Crespelle knusprig-braun sind, dann servieren.

Zubereitungszeit: 2 Stunden
Pro Portion (bei 6 Portionen)
14 g E, 38 g F, 14 g KH = 460 kcal (1924 kJ)

SPINAT
Im Frühling kommt der feinblättrige Spinat auf den Markt. Er ist mild im Aroma und wächst unter Glas oder bei mildem Klima im Freiland. Im Sommer, Herbst und Winter werden die Spinatblätter krauser und herzhafter im Geschmack.

Marinierte Tomaten mit Schafskäsefladen

Ein Hauch von Türkei: rote und gelbe Tomaten mit Kräuter-Honig-Marinade.

Für 4 Portionen:

**600 g kleine rote
Strauchtomaten
300 g gelbe Kirschtomaten
150 g weiße Zwiebeln
5 Knoblauchzehen
7 El Olivenöl
6 El Tomatensaft
Salz, Pfeffer
1/2 Bund glatte Petersilie
4 Stiele Minze
1 El Weißweinessig
3 El Gemüsefond
1 Tl flüssiger Honig
1 Tl schwarze Sesamsaat
1 kleine getrocknete
rote Chilischote
250 g türkisches Fladenbrot
300 g türkischer Schafskäse
(45 % Fett)**

1. Tomaten kreuzweise einritzen, portionsweise in siedendes Wasser geben, abschrecken, abtropfen lassen und häuten. Zwiebeln und Knoblauch pellen und fein würfeln.

2. Für die Marinade Zwiebeln und Knoblauch in einem Topf in 5 El Olivenöl bei milder Hitze in etwa 15 Minuten sämig einkochen lassen. Tomatensaft dazugießen, mit Salz und Pfeffer würzen. Marinade vom Herd nehmen und abkühlen lassen.

3. Petersilien- und Minzeblättchen fein schneiden. Zwiebelmarinade mit Essig, Gemüsefond und restlichem Olivenöl verrühren, mit Petersilie, Minze und Honig würzen. Die Tomaten vorsichtig mit der Marinade mischen, auf einer Platte anrichten und mit Sesamsaat bestreuen.

4. Für die Fladen die Chilischote entkernen und im Mörser zerstoßen. Fladenbrot waagerecht halbieren und im vorgeheizten Backofen bei 200 Grad (Gas 3, Umluft 5–8 Minuten bei 180 Grad) auf der 2. Einschubleiste von unten 10 Minuten rösten.

5. Schafskäse in Scheiben schneiden, auf die Schnittseiten der Fladen legen. Fladen unter dem Backofengrill auf der 2. Einschubleiste von oben 3–5 Minuten gratinieren, aus dem Ofen nehmen. Käse mit Chili bestreuen. Schafskäsefladen in Stücke schneiden und zu den marinierten Tomaten servieren.

Zubereitungszeit: 1 Stunde
Pro Portion 20 g E, 34 g F, 41 g KH = 550 kcal (2308 kJ)

TOMATEN
Von der Sonne verwöhnte Tomaten spielen als Gemüse in der Mittelmeerküche die wichtigste Rolle: Das Angebot reicht von Mini-Kirschtomaten bis zu tennisballgroßen Fleischtomaten und von sonnengelben Cocktailtomaten bis zu tiefroten Strauchtomaten. Der rote Farbstoff der Tomaten, Lycopin, macht Tomaten zu einem der gesündesten Gemüse: Das Carotinoid kräftigt das Immunsystem und schützt uns vor einigen Krebsarten und Arteriosklerose.

Kräuter-Gnocchi mit Peperonata

Zwei Klassiker finden zusammen: Gnocchi mit Salbei und italienisches Paprikagemüse.

Für 4 Portionen:

Gnocchi
500 g Kartoffeln
Salz
50 g Pancetta
(ital. durchwachsener Speck,
in dünnen Scheiben)
2 El Petersilie (gehackt)
1 Tl Thymian (gehackt)
70 g Speisestärke
2 Eigelb
Mehl zum Bearbeiten

Peperonata
2 gelbe Paprikaschoten
1 rote Paprikaschote
1 grüne Paprikaschote
1 mittelgroße rote Peperoni
150 g Zwiebeln
2 Knoblauchzehen
250 g Tomaten
4 El Olivenöl
3 El Rotweinessig
150 ml Rotwein
Salz, Pfeffer
Zucker
150 g Kapernäpfel (Glas)
1 Bund glatte Petersilie

Salbeibutter
80 g Butter
12 Salbeiblätter
Salz

1. Kartoffeln mit Schale in Salzwasser kochen.

2. Inzwischen Pancetta zuerst in schmale Streifen, dann in Würfel schneiden. In einer Pfanne ohne Öl knusprig braten und auf Küchenpapier abtropfen lassen.

3. Kartoffeln abgießen und abdämpfen. So warm wie möglich pellen und durch die Kartoffelpresse drücken. Mit Speckwürfeln, Petersilie, Thymian, Speisestärke und Eigelb rasch zu einem glatten Teig verarbeiten, abgedeckt bei Zimmertemperatur 30 Minuten ruhen lassen.

4. Inzwischen für die Peperonata Paprikaschoten und Peperoni längs halbieren und putzen. Paprikaschoten mit einem Sparschäler dünn schälen, zuerst längs in 2 cm breite Streifen, dann in 2 cm große Stücke schneiden. Peperoni in grobe Stücke schneiden. Zwiebeln und Knoblauch pellen und fein würfeln. Tomaten kurz in siedendes Wasser geben, abschrecken, häuten, vierteln und die Kerne herausdrücken, Fruchtfleisch grob würfeln.

5. Alle Gemüse im Olivenöl etwa 5 Minuten anbraten, mit Essig ablöschen und mit Rotwein auffüllen. Salzen, pfeffern und mit 1 Prise Zucker würzen. Das Gemüse bei mittlerer Hitze 15–20 Minuten offen kochen lassen.

6. Gnocchiteig auf einer leicht bemehlten Arbeitsfläche zu drei 40 cm langen Rollen formen, Rollen in 4 cm lange Stücke schneiden, Stücke zu ovalen Klößchen formen. Anschließend mit einer Gabel leicht eindrücken oder über ein Gnocchibrettchen formen. Auf einem leicht bemehlten Arbeitsbrett abgedeckt beiseite stellen.

7. Die abgetropften Kapernäpfel halbieren. Petersilienblätter von den Stielen zupfen und grob hacken.

8. Gnocchi in kochendes Salzwasser gleiten lassen, die Hitze sofort reduzieren. Wenn die Gnocchi an die Oberfläche gestiegen sind, noch etwa 10 Minuten gar ziehen lassen.

9. Butter zerlassen, Salbei hineingeben, aufschäumen lassen, vom Herd ziehen, mit etwas Salz würzen.

10. Zum Anrichten Gnocchi mit einer Schaumkelle aus dem Wasser heben, abtropfen lassen und auf Teller verteilen, Salbeibutter darauf träufeln. Peperonata mit Kapernäpfeln und Petersilie würzen und zu den Gnocchi servieren.

Zubereitungszeit: 1 1/2 Stunden
Pro Portion 9 g E, 41 g F, 44 g KH = 595 kcal (2491 kJ)

PAPRIKA
Alle Paprikaschoten sind unreif grün. Erst im Laufe des Reifens färben sie sich gelb, orange oder rot. Grüne Paprikaschoten schmecken deshalb noch herb. Gelbe und rote Paprikaschoten sind reif, süßlich und mild im Aroma. Paprikaschoten enthalten besonders viel Vitamin C. Sie stärken nicht nur die Abwehr, sondern regen die Verdauung, die Nieren und den Appetit an.

Artischocken mit Reisfüllung

Dekorativ: Das Gemüse des Südens erhält eine würzige Füllung aus
Reis und Oliven und einen Mantel aus Parmaschinken.

Für 4 Portionen:

150 g Langkornreis
Salz
4 Artischocken (mit Stiel, à 400 g)
6 El Zitronensaft
25 g Mandelblättchen
100 g schwarze Oliven (mit Stein)
100 g getrocknete Tomaten in Öl
(abgetropft)
1 Zweig Rosmarin
4 Frühlingszwiebeln
40 g Kapern (abgetropft)
50 g Frischkäse
100 g Feta
(milder griechischer Schafskäse)
weißer Pfeffer
8 Scheiben Parmaschinken
(100 g)
3 Knoblauchzehen
2 Zweige Thymian
75 ml Weißwein
3 El Olivenöl

1. Reis in 300 ml kochendes Salzwasser rieseln
und bei milder Hitze in etwa 20 Minuten unter gelegentlichem Rühren ausquellen lassen, in ein
Sieb schütten, kalt abspülen und abtropfen lassen.

2. Während der Reis gart, die Artischocken putzen:
Mit einem schweren Messer die Spitzen großzügig abschneiden und die äußeren Blätter entfernen. Die Stiele auf 4–5 cm kürzen und schälen.

3. Sehr viel Wasser in einem breiten Topf mit Salz
und Zitronensaft aufkochen. Artischocken längs
halbieren, sofort ins kochende Wasser geben und
12–15 Minuten unter dem Siedepunkt garen.

4. Inzwischen die Mandelblättchen in einer Pfanne
ohne Fett goldbraun rösten und abkühlen lassen.
Olivenfleisch in dünnen Spalten vom Stein schneiden. Die abgetropften Tomaten in 1 cm große Stücke
schneiden. Rosmarinnadeln abzupfen und hacken.
Frühlingszwiebeln putzen und nur die hellen Teile in
dünne Scheiben schneiden.

5. Artischocken abtropfen und abkühlen lassen. Das
Heu mit einem Löffel herauskratzen.

6. Mandeln, Oliven, Tomaten, Rosmarin, Frühlingszwiebeln, Kapern, Frisch- und Schafskäse unter
den gekochten Reis rühren. Die Füllung mit Pfeffer
und vorsichtig mit Salz würzen.

7. Artischockenhälften in eine große ofenfeste
Form legen, salzen, pfeffern und mit der Reismasse
füllen. Die Füllung etwas andrücken. Die gefüllten
Artischockenhälften mit jeweils 1 Scheibe Parmaschinken fest umwickeln.

8. Knoblauch pellen, in feine Scheiben schneiden
und mit den Thymianzweigen zu den Artischocken
geben. Wein und Olivenöl mischen und über die
Artischocken träufeln.

9. Die gefüllten Artischocken im vorgeheizten
Backofen bei 190 Grad (Gas 2–3, Umluft nicht empfehlenswert) auf der 2. Einschubleiste von unten
25 Minuten backen. Die gefüllten Artischocken in der
Form servieren. Dazu passt Landbrot.

Zubereitungszeit: 1 1/4 Stunden
Pro Portion 22 g E, 38 g F, 50 g KH = 639 kcal (2678 kJ)

Gemüsegratin

Von der Sonne verwöhnt: Fenchel, Tomaten und Staudensellerie
werden mit Parmesanbröseln überbacken.

Für 4 Portionen:

3 Fenchelknollen (ca. 500 g)
1/2 Bund Staudensellerie
4–6 Knoblauchzehen
200 g reife Tomaten
1/2 Bund glatte Petersilie
12 El Olivenöl
Salz, Pfeffer
2 El Zitronensaft
100 ml Weißwein
Zucker
Cayennepfeffer
40 g Weißbrot (ohne Rinde)
20 g Parmesan (fein geraspelt)

1. Fenchel und Staudensellerie putzen, das Grün
beiseite legen. Fenchel längs in Spalten schneiden.
Sellerie auf der gewölbten Seite schälen und in
6 cm lange Stücke schneiden. Knoblauch pellen und
mit der Breitseite einer Messerklinge zerdrücken.

2. Tomaten kreuzweise einritzen und kurz in
siedendes Wasser geben, abschrecken, häuten, halbieren und leicht ausdrücken. Die Petersilie
zusammen mit dem Fenchel- und Selleriegrün grob
hacken und beiseite stellen.

3. Fenchel, Sellerie und Knoblauch in 6 El Olivenöl in
etwa 5 Minuten hellbraun braten, mit Salz und
Pfeffer würzen, ab und zu wenden. Mit Zitronensaft
und Wein 3 Minuten kochen und in eine große
Gratinform geben. Die Tomaten mit Salz, Pfeffer,
1 Prise Zucker und Cayennepeffer würzen und
dazwischen verteilen. Mit den Kräutern bestreuen.

4. Weißbrot würfeln und im Mixer zerkrümeln. Mit
Parmesan mischen und über das Gemüse streuen.
Mit restlichem Öl beträufeln und unter dem vorgeheizten Grill 3–4 Minuten auf der 2. Einschubleiste
von oben übergrillen (oder bei stärkster Oberhitze 7–
10 Minuten überbacken). Sofort servieren.

Zubereitungszeit: 45 Minuten
Pro Portion 7 g E, 32 g F, 20 g KH = 406 kcal (1698 kJ)

Artischocken-Omelett

Raffiniert und leicht: zarte Eimasse
mit Artischockenböden und Parmesan.

Für 4 Portionen:

3 Artischocken
Salz
2 El Zitronensaft
3 Knoblauchzehen
6 El Olivenöl
6 Eier
1 El glatte Petersilienblätter
30 g Parmesan (grob geraspelt)
schwarzer Pfeffer

1. Artischockenböden roh auslösen: Dazu die
äußeren Blätter entfernen (eventuell für eine Arti-
schockensuppe verwenden). Das Heu von den
Böden schaben, die Böden in kaltes Wasser mit Salz
und Zitronensaft legen, damit sie nicht schwarz
werden.

2. Backofen auf 250 Grad (Gas 5, Umluft 225 Grad)
vorheizen. Inzwischen den Knoblauch pellen und
längs in dünne Scheiben schneiden. Artischockenböden trockentupfen und in dünne Scheiben
schneiden. In einer ofenfesten Pfanne auf dem Herd
bei mittlerer Hitze in 4 El Olivenöl von beiden
Seiten goldbraun braten. Knoblauch nach dem Wenden dazugeben und hellbraun braten.

3. Pfanne kurz von der Herdplatte nehmen.
Knoblauch und Artischockenböden mit der Schaumkelle aus dem Öl nehmen und auf Küchenpapier
abtropfen lassen. 1 Ei trennen. Die 5 ganzen Eier und
das Eigelb mit 1 Prise Salz verquirlen. Eiweiß steif
schlagen und mit dem Schneebesen unterziehen.

4. Öl wieder etwas heißer werden lassen. Eimasse
in die Pfanne gießen und langsam an der
Unterseite stocken lassen. Inzwischen Petersilie grob
hacken.

5. Sobald das Ei auf der Unterseite fest wird,
Artischocken und Knoblauch auf der Oberfläche verteilen. Mit Parmesan bestreuen und mit dem
restlichen Olivenöl beträufeln. Pfanne auf der 2. Einschubleiste von unten für 1 Minute in den Ofen
schieben. Das Omelett mit Pfeffer würzen und mit
Petersilie bestreuen.

Zubereitungszeit: 30 Minuten
Pro Portion 17 g E, 27 g F, 10 g KH = 368 kcal (1540 kJ)

Fleisch

Schwein, Rind und Kalb dominieren den Speiseplan der mediterranen Küche nicht so auffällig wie im Norden Europas. In den Mittelmeerländern bereitet man sehr gern Keule, Kotelett und Filet vom Lamm zu: Das zarte Fleisch mit dem würzigen Aroma passt zu Knoblauch wie kein anderes. Und natürlich harmoniert es mit Thymian, Rosmarin, Oliven und Tomaten

Lammragout mit Zitronensauce

Feines Lammgericht aus Italien: ein Ragout, veredelt mit Weißwein, Zitrone und Muskat.

Für 4 Portionen:

1 kg Lammkeule (ohne Knochen)
2 El Mehl
50 g durchwachsener Speck
50 g Schweineschmalz
Salz
grober schwarzer Pfeffer
Muskatnuss (frisch gerieben)
125 ml trockener Weißwein
250 ml Kalbsfond
1/2 Zitrone (unbehandelt)
3 Eigelb
1 Knoblauchzehe
2 El glatte Petersilienblätter
Zucker

1. Lammfleisch in 5 cm große Würfel schneiden, Fett und Haut dabei entfernen. Fleischwürfel mit Mehl bestäuben und durchmischen. Speck ohne Schwarte würfeln.

2. Schmalz in einem flachen, schweren Bräter heiß werden lassen. Den Speck darin rundherum anbräunen. Fleisch dazugeben und von allen Seiten kräftig anbraten. Mit Salz, Pfeffer und Muskat würzen.

3. Fleisch an den Rand schieben, den Wein in die Mitte gießen und die Röststoffe mit einem Holzspatel gründlich lösen. 125 ml Fond unterrühren. Fleisch zugedeckt bei schwacher Hitze gut 1 1/4 Stunden schmoren; eventuell noch etwas Wasser dazugießen.

4. 15 Minuten vor Ende der Garzeit die Zitrone dünn abschälen, die Schale in feine Späne schneiden. 3 El Saft auspressen und mit dem Eigelb verquirlen. Knoblauch pellen und in die Eigelbmischung pressen. Petersilie grob hacken.

5. Das Fleisch mit der Schaumkelle aus dem Bräter nehmen und warm stellen. Restlichen Fond in den Bräter gießen. Die Eigelbmischung mit dem Schneebesen unterschlagen und vorsichtig erhitzen (nicht kochen lassen!), bis die Sauce bindet.

6. Die Sauce durch ein Haarsieb in einen Topf umgießen und mit Salz, 1 Prise Zucker und Pfeffer würzen. Dann mit dem Schneidstab schaumig aufmixen und über das Fleisch gießen. Mit Zitronenspänen, Petersilie und Pfeffer bestreuen.

Zubereitungszeit: 2 Stunden
Pro Portion 50 g E, 68 g F, 9 g KH = 904 kcal (3785 kJ)

Lammkoteletts mit Ofentomaten

Lammkoteletts und Tomaten harmonieren wunderbar miteinander: am besten – wie hier – mit lange bei niedriger Temperatur im Ofen gebackenen Tomaten und einer Orangenmayonnaise.

Für 4 Portionen:

12 Tomaten (à 50 g)
4 El Olivenöl
2 junge Knoblauchzehen
2 Stiele Thymian
3 kleine Zweige Rosmarin
grobes Meersalz
schwarzer Pfeffer
1 gestrichener El Zucker
1 Eigelb (Kl. L, zimmerwarm)
150 ml Öl (zimmerwarm)
fein abgeriebene Schale von
1 Orange (unbehandelt)
Salz
Cayennepfeffer
12 Lamm-Stielkoteletts (mit freigeschabtem Knochen, à 50 g)
4 El Öl

1. Tomaten über Kreuz einritzen, kurz in siedendes Wasser geben, abschrecken und häuten. Stielansätze keilförmig herausschneiden, Tomaten waagerecht halbieren, die Kerne herausschaben.

2. Ein Backblech mit 2 El Olivenöl auspinseln. Die Tomatenhälften mit der Öffnung nach unten darauf setzen und mit dem restlichen Olivenöl bepinseln. Knoblauch pellen und in hauchdünne Scheiben schneiden. Thymianblätter und die Nadeln von 1 Rosmarinzweig abstreifen und fein hacken. 2/3 der gehackten Kräuter, Knoblauchscheiben, wenig Meersalz, Pfeffer und Zucker gleichmäßig über die Tomaten streuen.

3. Tomaten bei 120 Grad (Gas 1, Umluft nicht empfehlenswert) auf der 2. Einschubleiste von unten 3 1/2 Stunden garen; so bekommen sie ein besonders intensives Aroma.

4. Eigelb in einen Rührbecher geben. Das Öl in dünnem Strahl mit den Quirlen des Handrührers unterschlagen, bis eine Mayonnaise entsteht. Mit Orangenschale, Salz und Cayennepfeffer würzen, kalt stellen.

5. Kurz bevor die Tomaten gar sind, die Lammkoteletts salzen und pfeffern. Im heißen Öl zusammen mit den restlichen Rosmarinzweigen bei mittlerer bis starker Hitze auf jeder Seite etwa 3 Minuten goldbraun braten.

6. Die restlichen gehackten Kräuter über die Tomaten streuen. Die Tomaten mit einer Palette auf eine Platte setzen, die Lammkoteletts dazulegen und mit der Mayonnaise servieren.

Zubereitungszeit: 3 3/4 Stunden
Pro Portion 19 g E, 65 g F, 9 g KH = 689 kcal (2890 kJ)

Lammfilets im Mangoldmantel

Raffiniert: Die Lammfilets garen in einer Hülle
aus Mangold. Dazu gibt es ein Gemüse aus Paprika,
Tomaten, Perlzwiebeln und Kichererbsen.

Für 4 Portionen:

1 Dose Kichererbsen (480 g EW, abgetropft)
30 g Tahina (Sesampaste, türkischer Laden)
7 El Olivenöl
Salz, weißer Pfeffer, 1 Tl Zitronensaft
1 Mangoldstaude (800 g)
8 Lammfilets (à 60 g)
150 g Perlzwiebeln
je 1 rote und gelbe Paprikaschote (à 250 g)
12 Knoblauchzehen, 300 g Tomaten
150 ml Weißwein
1 Tl Sumach (türkisches Gewürz)

1. Kichererbsen im Sieb kalt abspülen und gut abtropfen lassen. 200 g mit der Sesampaste und
3 El Olivenöl pürieren, mit Salz, Pfeffer und Zitronensaft würzen.

2. Mangold waschen und die äußersten Blätter entfernen. 8 große Blätter abnehmen. Stiele abschneiden und in 5 cm lange Stifte schneiden. Die
Blätter in Salzwasser 1/2 Minute kochen, abschrecken und gut abtropfen lassen.

3. Mangoldblätter auf einem Geschirrtuch ausbreiten, salzen, pfeffern und mit der Kichererbsen-
paste glatt bestreichen. Lammfilets salzen, einzeln in
die Mangoldblätter einschlagen und kalt stellen.

4. Perlzwiebeln in Salzwasser 7 Minuten kochen,
abschrecken und pellen. Paprikaschoten vierteln,
entkernen und in 2 cm große Würfel schneiden.
Knoblauch pellen. Stielansätze aus den Tomaten keilförmig herausschneiden. Tomaten quer halbieren.

5. Restliches Öl in einem Bräter erhitzen. Lammfilets darin von jeder Seite 1/2 Minute anbraten und
herausnehmen. Mangoldstiele, Perlzwiebeln und
Knoblauch in den Bräter geben und etwa 4 Minuten
im Öl hellbraun anbraten. Paprikawürfel dazugeben,
1 Minute braten und mit Wein ablöschen. Restliche
Kichererbsen dazugeben, mit Salz, Pfeffer und
Sumach würzen und verrühren. Lammfilets auf das
Gemüse setzen. Tomaten um die Filets herumlegen.

6. Lammfilets im vorgeheizten Backofen bei
200 Grad (Gas 3, Umluft nicht empfehlenswert) auf
der 2. Einschubleiste von unten 12 Minuten braten.
Die Lammfilets im Mangoldmantel mit dem Gemüse
servieren. Dazu passt Fladenbrot oder Baguette.

Zubereitungszeit: 1 3/4 Stunden
Pro Portion 37 g E, 28 g F, 26 g KH = 525 kcal (2194 kJ)

Lammkeule mit Oliven und Lavendel

Lavendel, das Kraut der Provence, würzt zarte Lammkeule und Gemüse.

Für 6–8 Portionen:

2 kleine Lammkeulen (à 1,5 kg)
oder 1 große Lammkeule
(ca. 3,2 kg)
Salz, Pfeffer
4 El Olivenöl
1 Bund Staudensellerie
2 Bund Frühlingszwiebeln
250 g getrocknete Tomaten in Öl
2 Zweige Lavendel
1/4 l trockener Weißwein
Zimt (gemahlen)
150 g Oliven
(grüne und schwarze)

1. Den Backofen auf 225 Grad (Gas 4, Umluft 200 Grad) vorheizen und einen Bräter auf die 2. Einschubleiste von unten stellen. Die Lammkeule(n) von überflüssigem Fett befreien und an der Oberseite einritzen. Ringsum mit Salz, Pfeffer und Olivenöl einreiben.

2. Lammkeule(n) mit der eingeritzten Seite nach unten in den heißen Bräter legen, 10 Minuten anbraten, dann wenden. Kleine Keulen 45 Minuten, die große 1 Stunde, 45 Minuten weiterbraten, dabei nach 20 Minuten den Ofen auf 200 Grad (Gas 3, Umluft 175 Grad) herunterschalten.

3. Inzwischen Staudensellerie putzen, waschen und in Stücke schneiden. Frühlingszwiebeln putzen und in Ringe schneiden. Die getrockneten Tomatenhälften längs durchschneiden und abtropfen lassen.

4. Sobald sich im Bräter Röststoffe gebildet haben, immer wieder etwas heißes Wasser dazugießen (insgesamt 1/2 l, bei Umluft eventuell mehr) und immer wieder ganz verdampfen lassen. 20 Minuten vor Ende der Garzeit Sellerie, Frühlingszwiebeln, getrocknete Tomaten und den zerzupften Lavendel dazugeben, leicht salzen und pfeffern.

5. Das Gemüse wenden, sobald es etwas Farbe angenommen hat, und die Hälfte des Weißweins dazugießen.

6. Nach Ende der Garzeit die Lammkeule(n) aus dem Bräter nehmen und im ausgeschalteten Ofen 10–15 Minuten nachziehen lassen.

7. Inzwischen den restlichen Weißwein mit 1 Prise Zimt verrühren und zum Gemüse gießen. Bei starker Hitze auf dem Herd einkochen.

8. Kurz vor dem Servieren die Oliven untermischen, alles noch einmal würzen. Die Keule(n) wieder in den Bräter geben und mit italienischem Weißbrot und hellem Bauernbrot servieren.

Zubereitungszeit: 2 1/4 Stunden
Pro Portion (bei 8 Portionen)
51 g E, 61 g F, 5 g KH = 820 kcal (3432 kJ)

OLIVEN
Die knorrigen Olivenbäume prägen die Landschaften rund ums Mittelmeer. Ihre Früchte werden entweder in Salzlake eingelegt oder zu Öl gepresst. Je länger Oliven am Baum reifen, desto dunkler färben sie sich – von grün bis schwarz. Oliven schmecken pur aus der Hand, in Salaten, auf Pizza oder in Mayonnaisen. Mit ihrem bittersaurem Aroma intensivieren sie jedes Gericht.

Lamm mit Joghurt und Tomatensauce

Lammfleisch mit Tomaten, Brot und kaltem
Joghurt zählt zum Besten, was die türkische Küche hergibt.

Für 4 Portionen:

6 Zwiebeln
6 El Olivenöl
Salz
1 Bund Thymian
Pfeffer
500 g Lammfleisch aus der Keule
(in dünnen Scheiben)
800 g Fleischtomaten
1–2 Knoblauchzehen
(durchgepresst)
Chilipulver
1 türkisches Fladenbrot
100 g Butter
1 Becher Sahnejoghurt (150 g)

1. Zwiebeln pellen und reiben. Mit 4 El Olivenöl,
1/2 Tl Salz, 1/2 Bund abgezupften Thymian und
Pfeffer verrühren. Die Lammfleischscheiben in breite
Streifen schneiden und in eine Schüssel schichten.
Die einzelnen Lagen dünn mit der Zwiebelmischung
bestreichen und mindestens 4 Stunden, besser über
Nacht, durchziehen lassen.

2. Tomaten vierteln, Stielansätze und Kerne
entfernen, Tomaten in Würfel schneiden. Mit restlichem Olivenöl und Knoblauch bei milder Hitze
in einer Pfanne einkochen, bis eine dickliche Sauce
entstanden ist. Mit Chilipulver und Salz würzen,
warm stellen.

3. Lammfleisch in kleinen Portionen in einer sehr
heißen Pfanne ohne Fett von jeder Seite 2–3 Minuten braten, warm stellen.

4. Fladenbrot im Backofen bei 100 Grad (Gas 1,
Umluft 100 Grad) warm werden lassen.
Butter in einer Pfanne hellbraun werden lassen.

5. Fladenbrot in kleine Stücke brechen und jeweils
3–4 Stücke zusammen mit Lammfleisch,
Tomatensauce, Joghurt und brauner Butter auf Teller
verteilen. Mit restlichem Thymian bestreuen.

Zubereitungszeit: 55 Minuten (plus Zeit zum Durchziehen)
Pro Portion 31 g E, 62 g F, 43 g KH = 883 kcal (3694 kJ)

Schweinsragout

Deftig: Ragout aus Schweinenacken, Tomaten, Zwiebeln und
vielen Kräutern.

Für 4–6 Portionen:

800 g Schweinenacken
200 g Zwiebeln
5 Knoblauchzehen
150 g Staudensellerie
600 g Flaschentomaten
50 g getrocknete Tomaten
(ohne Öl)
Salz, Pfeffer
1 Tl Paprikapulver (edelsüß)
4 El Olivenöl
1 El Tomatenmark
200 ml trockener Rotwein
400 ml Gemüsefond
300 ml Tomatensaft
1 kleiner Zweig Rosmarin
1 Tl Zucker
150 g schwarze Oliven
1 kleine getrocknete rote
Chilischote
1/2 Bund glatte Petersilie

1. Fleisch in 3 cm große Stücke
schneiden. Zwiebeln und Knoblauch pellen und fein würfeln.
Staudensellerie putzen, entfädeln
und sehr fein würfeln. Tomaten
grob zerschneiden. Getrocknete Tomaten in feine Streifen
schneiden.

2. Fleisch mit Salz, Pfeffer und
Paprikapulver würzen und in
einem Bräter im Olivenöl rundherum anbraten. Fleisch mit
einer Schaumkelle in eine Arbeitsschale legen.

3. Zwiebeln, Knoblauch und
Staudensellerie im Bratfett bei
milder Hitze in 10 Minuten glasig
anbraten. Fleisch wieder dazugeben. Tomatenmark einrühren.
Rotwein dazugießen und offen
bei starker Hitze einkochen lassen.
Gemüsefond und Tomatensaft
dazugießen. Rosmarin, frische
und getrocknete Tomaten dazugeben, mit Salz, Pfeffer und
Zucker würzen.

4. Das Ragout bei halb aufgelegtem Deckel bei mittlerer Hitze
2 1/2–3 Stunden garen; nach
der Hälfte der Zeit Oliven und die
Chilischote dazugeben. Petersilie
grob hacken und kurz vor dem
Servieren auf das Ragout streuen.
Dazu passen Rosmarinkartoffeln
(siehe folgendes Rezept).

Zubereitungszeit: 3 1/2 Stunden
Pro Portion (bei 6 Portionen)
31 g E, 30 g F, 11 g KH = 439 kcal (1837 kJ)

Rosmarin-
kartoffeln

Die ideale Beilage zum Schweinsragout sind mit viel
Rosmarin gebratene Kartoffeln.

Für 4–6 Portionen:

800 g kleine fest kochende
Kartoffeln
Salz
30 g getrocknete Tomaten
(ohne Öl)
2 Zweige Rosmarin
3 El Olivenöl

1. Kartoffeln waschen und bürs-
ten. Kartoffeln in Salzwasser
20–25 Minuten kochen, abgießen
und ausdämpfen lassen.

2. Inzwischen Tomaten in feine
Streifen schneiden. Rosmarinnadeln von den Zweigen streifen
und grob zerschneiden.

3. Kartoffeln halbieren und
im Olivenöl goldbraun braten. In
der letzten Minute Tomaten
und Rosmarin dazugeben. Zum
Ragout servieren.

Zubereitungszeit: 45 Minuten
Pro Portion (bei 6 Portionen)
2 g E, 6 g F, 16 g KH = 126 kcal (529 kJ)

Geschmorte Rippchen mit Fenchel

Harmonisch: Mit Balsamessig marinierte Rippchen schmoren sanft mit Fenchel, Tomaten und dicken Bohnen im Ofen.

Für 4–6 Portionen:

1,4 kg dicke, fleischige Schweinerippchen (zu lange Knochen vom Metzger halbieren lassen)
250 g getrocknete Borlotti-Bohnen
6 El Olivenöl
2 Knoblauchzehen
1 Stiel Thymian
1 Zweig Rosmarin
Salz
500 ml Balsamessig (Aceto balsamico)
1 El Fenchelsaat (grob zerstoßen)
schwarzer Pfeffer
4 Fenchelknollen (ca. 700 g)
250 g Staudensellerie
250 g mittelgroße Tomaten

1. Von den Rippchen das Fett abschneiden. Rippchen kurz in kochendes Wasser geben, abgießen.

2. Die weißen Bohnen mit 2 El Olivenöl, grob zerdrückten Knoblauchzehen, Thymian, Rosmarin und Rippchen in 2 l Salzwasser aufkochen und bei milder Hitze 1 1/2–2 Stunden bei halb aufgelegtem Deckel sieden lassen.

3. Inzwischen den Balsamessig auf die Hälfte einkochen lassen. Rippchen nach 45 Minuten mit einer Schaumkelle herausfischen, abtropfen lassen und in einer Arbeitsschale mit dem reduzierten Essig und der Fenchelsaat, Salz und Pfeffer marinieren; dabei ab und zu wenden. Die Bohnen nach maximal 2 Stunden vom Herd ziehen und in einen Durchschlag geben, die Flüssigkeit auffangen.

4. Von den Fenchelknollen die Stiele bis auf 2 cm wegschneiden, Fenchelgrün beiseite legen. Aus den Knollen den Strunk keilförmig herausschneiden, die äußere Blattschicht entfernen. Knollen vierteln und in Salzwasser 5–6 Minuten kochen, herausnehmen und abschrecken.

5. Staudensellerie putzen, die Blätter beiseite legen. Von den Stangen die Fäden abziehen. Stangen längs halbieren und in 5 cm lange Stücke schneiden. In Salzwasser 2–3 Minuten kochen, abschrecken und abtropfen lassen. Tomaten waschen und abtropfen lassen.

6. Restliches Olivenöl in einem Bräter erhitzen. Rippchen (ohne Marinade), Fenchel und Staudensellerie darin anbraten. Mit Salz und Pfeffer würzen. Bohnen und 200 ml der Bohnenflüssigkeit dazugeben. Im vorgeheizten Backofen bei 180 Grad (Gas 2–3, Umluft 160 Grad, dabei die Bohnenflüssigkeit eventuell auf 300 ml erhöhen) auf der 2. Einschubleiste von unten insgesamt 40 Minuten schmoren; Fleisch und Gemüse nach 15 Minuten wenden.

7. Nach 30 Minuten die Tomaten und die Rippchenmarinade dazugeben, weitere 10 Minuten schmoren lassen. Fenchelgrün und Staudensellerieblätter grob hacken und vor dem Servieren über das Gericht streuen.

Zubereitungszeit: 2 3/4 Stunden
Pro Portion (bei 6 Portionen)
54 g E, 60 g F, 22 g KH = 857 kcal (3585 kJ)

FENCHEL
Das grünweiße Gemüse mit dem anisähnlichen Geschmack ist ein typisch italienisches Gemüse. Frische Knollen erkennt man am saftigen, dillähnlichen Grün. Es sollte immer fein gehackt als Würze über das Gemüse gestreut werden.

In den Ländern rund um
das Mittelmeer ist die
Auswahl an Beilagen zu
Fleisch, Fisch, Gemüse und
Saucen angenehm groß.
Besonders beliebt sind
Nudeln jeglicher Form und
Farbe, saftige Polenta,
cremiger Risotto oder ge-
stampfte Kartoffeln. Wie
sie sich durch Wein, Sahne
oder Käse veredeln lassen,
verraten die Rezepte
auf den nächsten Seiten

Pasta, Polenta und Co

Gefüllte Polenta

Die Farben Italiens in einem Gericht:
Polenta, gefüllt mit Mozzarella
und Tomaten, gewürzt mit viel Basilikum.

Für 6 Portionen:

Salz
200 g Polentagrieß
(grober Maisgrieß)
140 g Butter
160 g Parmesan (frisch gerieben)
Öl zum Fetten der Arbeitsschale
600 g reife Tomaten
300 g Mozzarella
schwarzer Pfeffer
1 Bund Basilikum

1. 1 l Wasser mit Salz zum Kochen bringen.
Polentagrieß einrieseln und bei milder Hitze unter
ständigem Rühren 25–30 Minuten ausquellen
lassen. 80 g Butter und 120 g Parmesan darunter
rühren. Eine Arbeitsschale (30x20 cm groß)
mit Öl auspinseln. Die heiße Polenta hineingießen,
glatt streichen und erkalten lassen.

2. Die kalte Polenta in 12 Quadrate schneiden.
4 Quadrate diagonal halbieren. Die 8 Quadrate in
eine ofenfeste, leicht gebutterte Metall- oder
Porzellanform legen.

3. Stielansätze der Tomaten keilförmig herausschneiden. Die Tomaten in 24 dicke Scheiben, den
Mozzarella in 16 Scheiben schneiden.

4. Auf jedes Polentaquadrat dachziegelartig
im Wechsel 3 Tomaten- und 2 Mozzarellascheiben
legen. Salzen und pfeffern. Jeweils ein Polenta-
dreieck auf jedes Polentaquadrat legen. Den restlichen Parmesan darauf verteilen und die restliche
Butter in Flöckchen darauf setzen.

5. Polenta im vorgeheizten Backofen bei 200 Grad
(Gas 3, Umluft 10 Minuten bei 180 Grad) auf der
2. Einschubleiste von unten 20–25 Minuten backen.
Dann die Polenta unter dem Grill oder bei starker
Oberhitze goldbraun überbacken. Die Basilikum-
blätter darauf legen, die Polenta warm servieren.

Zubereitungszeit: 1 1/2 Stunden (plus Kühlzeit)
Pro Portion 24 g E, 37 g F, 28 g KH = 560 kcal (2340 kJ)

Orecchiette mit dicken Bohnen

Grünweiß: Ohrennudeln mit Frühlingszwiebeln, Rauke und dicken Bohnen.

Für 4–6 Portionen:

**2 kg frische dicke Bohnen
(oder 750 g TK-Bohnen)
Salz
700 g Frühlingszwiebeln
2 kleine Knoblauchzehen
250 g Rauke
200 g italienische Mortadella
(dünn geschnitten)
500 g Orecchiette (Ohrennudeln)
8 El Olivenöl
schwarzer Pfeffer
150 g Parmesan (grob gerieben)**

1. Bohnen palen, in kochendes Salzwasser geben, 5 Minuten kochen lassen, anschließend abgießen, abschrecken und die Kerne aus der Haut drücken.

2. Frühlingszwiebeln putzen, das Weiße und Hellgrüne in dünne Ringe schneiden. Knoblauch pellen und durchpressen. Rauke waschen, putzen und grob zerschneiden. Mortadella in 1/2 cm große Stücke schneiden.

3. Orecchiette nach Packungsanweisung in Salzwasser kochen.

4. Inzwischen Knoblauch, Frühlingszwiebeln und Bohnenkerne im Öl unter Wenden bei starker Hitze 3–4 Minuten andünsten. Rauke untermischen und 30 Sekunden mitdünsten. Zum Schluss die Mortadella untermischen und alles mit Salz und Pfeffer würzen.

5. Nudeln abgießen, gut abtropfen lassen und in eine große Servierschüssel füllen. Die Bohnenmischung und die Hälfte vom Parmesan unter die Nudeln mischen und nachwürzen. Den restlichen Parmesan darüber streuen.

Zubereitungszeit: 55 Minuten
Pro Portion (bei 6 Portionen) 60 g E, 36 g F, 101 g KH = 970 kcal (4063 kJ)

95

Gemüse-Lasagne mit Basilikumsauce

Zwischen den Nudelplatten befinden sich Schichten aus Paprika, Auberginen und Zucchini – verbunden durch raffiniert gewürzten Ricotta.

Für 4–6 Portionen:

4 Knoblauchzehen
3 Stiele Salbei
500 g Ricotta
(italienischer Frischkäse)
2 Eigelb
Salz, weißer Pfeffer
1/2 Bund Basilikum
180 ml Olivenöl
20 g Pinienkerne
30 g Butter
15 g Mehl
400 ml Milch
Muskatnuss (frisch gerieben)
550 g rote Paprikaschoten
450 g gelbe Paprikaschoten
350 g Aubergine
300 g Zucchini
10 Lasagne-Nudelplatten
Fett für die Form

1. Knoblauchzehen pellen und sehr fein würfeln. Salbeiblätter in feine Streifen schneiden. Ricotta mit Knoblauch, Salbei und Eigelb verrühren, salzen, pfeffern und kalt stellen.

2. Basilikumblätter abzupfen, mit 100 ml Olivenöl und Pinienkernen im Mixer pürieren, beiseite stellen.

3. Butter in einem Topf aufschäumen lassen. Mehl mit dem Schneebesen einrühren. Milch dazugießen und unter Rühren aufkochen. Béchamelsauce 1 Minute kochen, mit Salz, Pfeffer und Muskat würzen. Beiseite stellen.

4. Paprikaschoten vierteln, entkernen, mit der Haut nach oben auf ein Backblech legen und auf der 2. Einschubleiste von oben unter dem Grill grillen, bis die Haut Blasen wirft. Aus dem Ofen nehmen und mit einem feuchten Tuch abdecken. Kurz abkühlen lassen und häuten.

5. Aubergine und Zucchini längs in jeweils 6–8 Scheiben schneiden und portionsweise in je 2 El Olivenöl von beiden Seiten anbraten, salzen und pfeffern. Auf Küchenpapier abtropfen lassen.

6. Die Nudelplatten portionsweise in Salzwasser 4–5 Minuten vorkochen, aus dem Wasser nehmen und abtropfen lassen.

7. Eine rechteckige Auflaufform ausfetten. 2 Nudelplatten mit 4 cm Abstand zueinander hineinlegen. Jede Nudelplatte mit 1 El Ricottamasse bestreichen. Auberginenscheiben darauf verteilen, salzen und pfeffern. Je 1 El Ricotta darauf streichen und jede Lasagnehälfte mit 1 Nudelplatte abdecken.

8. Den Vorgang mit restlichem Gemüse und Ricotta in beliebiger Reihenfolge dreimal wiederholen, bis das Gemüse und die Ricottamasse aufgebraucht sind. Obenauf liegen die letzten beiden Nudelplatten.

9. Basilikumpesto unter die Béchamelsauce rühren. Nudelplatten mit je 1 El davon bestreichen. Die restliche Sauce in die Lasagneform gießen.

10. Lasagne im vorgeheizten Backofen bei 200 Grad (Gas 3, Umluft 20–25 Minuten bei 180 Grad) auf der 2. Einschubleiste von unten 25–30 Minuten backen. Aus dem Ofen nehmen, etwas ruhen lassen, dann in Portionsstücke schneiden. Mit der Sauce auf Tellern anrichten.

Zubereitungszeit: 2 Stunden
Pro Portion (bei 6 Portionen)
20 g E, 48 g F, 29 g KH = 632 kcal (2648 kJ)

BASILIKUM
Wenn ein Kraut die Mittelmeerküche charakterisiert, dann ist es das Basilikum. Am meisten schätzt man das Kraut mit den aromatisch duftenden Blättern in Italien. Dort würzt es Pesto, Mozzarella oder Tomaten. Basilikum ist empfindlich und verträgt Hitze schlecht. Deshalb die Blätter schnell verbrauchen und erst kurz vor dem Servieren über das Gericht streuen.

Steinpilzrisotto

Unwiderstehliche Vorspeise: ein sanft geschmorter Risotto mit Weißwein und Parmesan, über den feste rohe Steinpilze gehobelt werden.

Für 4 Portionen:

30 g getrocknete Steinpilze
60 g Schalotten
90 g Butter
320 g Risotto-Reis (z. B. Arborio)
Salz
200 ml trockener Weißwein
70 g Parmesan (frisch gerieben)
weißer Pfeffer
150 g sehr frische Steinpilze
(klein und fest)
1 El Schnittlauch (in Röllchen)

1. Die getrockneten Steinpilze kurz unter Wasser abspülen, anschließend mit 550 ml heißem Wasser übergießen, 30 Minuten einweichen lassen.

2. Steinpilze aus dem Wasser nehmen und in feine Streifen schneiden. Das Pilzwasser durch eine Filtertüte gießen und auffangen.

3. Schalotten pellen und fein würfeln, dann in 30 g Butter bei milder Hitze glasig dünsten. Die eingeweichten Steinpilze hinzufügen und 1 Minute andünsten. Reis dazugeben und kurz mitdünsten. Salzen. Weißwein dazugießen und bei mittlerer Hitze einkochen lassen, dabei oft rühren. So viel Einweichwasser dazugießen, dass der Reis gerade bedeckt ist. Wieder unter Rühren langsam einkochen lassen und so fortfahren, bis der Reis in 20–25 Minuten gar ist. Je nach Reissorte muss eventuell etwas Wasser zusätzlich dazugegossen werden.

4. Wenn der Reis gar ist, aber noch etwas Biss hat, die restliche Butter und 40 g Parmesan vorsichtig unter den Reis heben. Mit Salz und Pfeffer würzen. Auf Tellern anrichten.

5. Die frischen Steinpilze roh auf den Risotto hobeln und mit Schnittlauchröllchen und restlichem Parmesan bestreuen.

Zubereitungszeit: 45 Minuten (plus Einweichzeit)
Pro Portion 15 g E, 26 F, 64 g KH = 566 kcal (2368 kJ)

Knoblauch-Kartoffelpüree

Provenzalisch: Kartoffelpüree unter einer Haube aus gebratenem Knoblauch und Petersilie. Ideal zu Miesmuscheln.

Für 4–6 Portionen:

750 g fest kochende Kartoffeln
Salz
100 g Knoblauchzehen
300 ml Schlagsahne
3 El Olivenöl
weißer Pfeffer
1/2 Bund glatte Petersilie

1. Kartoffeln schälen, grob zerteilen und in 1/2 l schwach gesalzenem Wasser zugedeckt weich kochen, abgießen, abdämpfen und durch die Kartoffelpresse drücken.

2. Inzwischen Knoblauchzehen pellen. 2/3 der Zehen in der Schlagsahne in 10 Minuten bei milder Hitze weich kochen. Den Rest erst in Scheiben, dann in dünne Stifte schneiden.

3. Olivenöl in einer Pfanne erhitzen. Knoblauchstifte darin hellbraun rösten (nicht zu stark, sonst werden sie bitter). Knoblauchstifte aus dem heißen Öl nehmen und auf Küchenpapier abtropfen lassen.

4. Die gekochten Knoblauchzehen durch die Knoblauchpresse drücken. Die heiße Sahne und das Knoblauchpüree nach und nach mit einem Schneebesen unter die Kartoffeln rühren, pfeffern. Petersilienblätter abzupfen. Das Püree mit Knoblauchstiften und Petersilienblättchen bestreuen. Dazu passen gedünsteter Blattspinat und Muscheln.

Zubereitungszeit: 45 Minuten
Pro Portion (bei 6 Portionen)
4 g E, 20 g F, 21 g KH = 280 kcal (1174 kJ)

Nudeln
mit Steinpilzen

Machen süchtig:
Taglierini mit Steinpilzen in
cremiger Sahnesauce.

Für 4 Portionen:

10 g getrocknete Steinpilze
2 Knoblauchzehen
50 g Butter
200 ml Schlagsahne
100 g Parmaschinken
(doppelt dick geschnitten)
300 g frische Steinpilze
3 El Olivenöl
Salz, weißer Pfeffer
je 125 g weiße und grüne
Taglierini (schmale Bandnudeln;
ersatzweise Fettuccine)
40 g milder Fontina-Käse
(gerieben)
4 Stiele Basilikum

1. Getrocknete Steinpilze kurz
abbrausen und 4 Stunden
in 1/4 l lauwarmem Wasser einweichen. Dann das Pilzwasser
filtern und auffangen (die eingeweichten Pilze für ein anderes
Gericht verwenden).

2. Knoblauch pellen. 20 g Butter
in einem Topf schmelzen, Knoblauch hineinpressen und unterrühren. Steinpilzwasser und
Sahne dazugießen. Ohne Deckel
bei starker Hitze in etwa 15 Minuten leicht cremig einkochen.

3. Inzwischen Schinken in kurze
Streifen schneiden. Frische
Steinpilze putzen und in Scheiben
schneiden. Restliche Butter mit
Öl erhitzen, Schinken darin kräftig
anbraten. Pilze dazugeben,
salzen, pfeffern und von beiden
Seiten je 1 Minute stark braten.

4. Taglierini in Salzwasser knapp
garen. Käse in der Sauce schmelzen, mit Salz und Pfeffer würzen.
Steinpilze dazugeben. Basilikum
abzupfen und darüber streuen.
Mit den Nudeln servieren.

Zubereitungszeit: 1 Stunde (plus Einweichzeit)
Pro Portion 19 g E, 47 g F, 48 g KH =
714 kcal (2985 kJ)

Risotto mit Riesengarnelen und Tomaten

Einfach und dennoch raffiniert: Risotto mit Büffel-Mozzarella
und Basilikumöl, begleitet von gebratener Riesengarnele und Kirschtomaten.

Für 4 Portionen:

3 Stiele Basilikum
8 El Olivenöl
75 g Zwiebeln
2 Knoblauchzehen
125 g Büffel-Mozzarella
200 g Kirschtomaten
4 Riesengarnelen (mit Kopf und
Schale, à ca. 60 g)
600 ml Hummerfond
200 g Risotto-Reis
(z. B. Arborio)
1 El Tomatenmark
100 ml Weißwein
Salz, weißer Pfeffer

1. Basilikumblätter fein hacken.
Mit 3 El Olivenöl mischen und
beiseite stellen.

2. Zwiebeln pellen und fein
würfeln. Knoblauchzehen pellen
und in Scheiben schneiden.
Mozzarella in 1/2 cm große Würfel schneiden. Tomaten waschen
und abtropfen lassen.

3. Garnelen schälen und entdarmen, Schwanzflossen dran-
lassen. Garnelen abgedeckt
kühl stellen. Hummerfond aufkochen und warm halten.

4. 2 El Olivenöl in einem breiten
Topf erhitzen und die Zwiebelwürfel darin bei mittlerer Hitze
1 Minute unter Rühren ohne Farbe
andünsten. Reis dazugeben und
unter Rühren 1 weitere Minute
dünsten. Tomatenmark unterrühren, mit Weißwein ablöschen
und bei mittlerer Hitze unter
Rühren einkochen lassen.

5. Reis mit der Hälfte des
Hummerfonds bedecken und bei
mittlerer Hitze unter häufigem
Rühren 20 Minuten garen, dabei
nach und nach den restlichen
Fond dazugeben.

6. 8 Minuten vor Ende der Garzeit
das restliche Öl in einer Pfanne
erhitzen. Garnelen mit Salz
und Pfeffer würzen und im Öl bei
starker Hitze von jeder Seite
2–3 Minuten braten, herausnehmen und warm halten.

7. Die ganzen Tomaten und
Knoblauchscheiben in die Pfanne
geben und bei mittlerer Hitze
4 Minuten braten. Mit Salz und
Pfeffer würzen. Am Ende der
Garzeit den Mozzarella unter den
Risotto heben und mit Salz und
Pfeffer würzen.

8. Risotto auf Teller verteilen
und mit je 1 Garnele, einigen
Tomaten und Knoblauchscheiben
anrichten. Basilikumöl darüber
träufeln.

Zubereitungszeit: 45 Minuten
Pro Portion 20 g E, 27 g F, 44 g KH =
507 kcal (2124 kJ)

Rigatoni mit Bohnenragout

Perfekt: Rauke, Tomaten und Staudensellerie verleihen den Röhrennudeln sonnige Frische.

Für 4–6 Portionen:

200 g getrocknete Borlotti-Bohnen
Salz
10 El Olivenöl
7 Knoblauchzehen
2 Lorbeerblätter
3 Zweige Rosmarin
250 g Wildschweinsalami
(am Stück, ersatzweise
luftgetrocknete italienische
Salami)
150 g Staudensellerie (mit Grün)
300 g Tomaten
80 g schwarze Oliven (mit Stein)
80 g Rauke
500 g Rigatoni-Nudeln
1 El Tomatenmark
Pfeffer
1 Tl Zucker
100 g Provolone (frisch gehobelt,
ersatzweise Pecorino)

1. Bohnen mit 1,5 l Wasser, Salz, 4 El Olivenöl, 4 zerdrückten Knoblauchzehen, Lorbeer und 2 Rosmarinzweigen bei milder Hitze und halb aufgelegtem Deckel 2 Stunden kochen lassen.

2. Inzwischen Salami in ca. 1 cm große Würfel schneiden. Staudensellerie putzen, Fäden abziehen und die Stangen schräg in dünne Streifen schneiden. Selleriegrün grob zerzupfen und beiseite stellen. Restlichen Knoblauch pellen und fein würfeln.

3. Tomaten kreuzweise einritzen, kurz in siedendes Wasser geben, abschrecken, häuten, vierteln, entkernen und grob würfeln.

4. Olivenfleisch von den Steinen schneiden. Vom restlichen Rosmarinzweig die Nadeln abstreifen und fein hacken. Rauke putzen, waschen und grob zerschneiden.

5. Bohnen abgießen, dabei 1/4 l vom Bohnenfond auffangen. Die Würzkräuter aus den Bohnen entfernen.

6. Rigatoni nach Packungsanweisung in Salzwasser kochen und abgießen.

7. Inzwischen Salami in 2 El Olivenöl bei milder Hitze anbraten. Sellerie, Knoblauch, Tomaten, Oliven und Rosmarin dazugeben und kurz mitbraten. Tomatenmark einrühren, Bohnenfond dazugießen und 10 Minuten bei milder Hitze einkochen lassen. Mit Salz, Pfeffer und Zucker würzen. Bohnen dazugeben und 5 Minuten kochen lassen.

8. Rauke, restliches Olivenöl, Bohnenragout und Selleriegrün mit den heißen Nudeln mischen, sofort mit Provolone servieren.

Zubereitungszeit: 1 Stunde (plus Kochzeit für die Bohnen)
Pro Portion (bei 6 Portionen) 34 g E, 38 g F, 79 g KH = 793 kcal (3321 kJ)

KNOBLAUCH
In den Küchen rund ums Mittelmeer ist Knoblauch so wichtig wie Salz und Pfeffer. Mit seinem kräftigen Aroma würzt er Suppen, Gemüse, Fleisch und Mayonnaisen. Und er ist sehr gesund: Allium sativum hemmt Entzündungen, lindert Magenprobleme und Verdauungsstörungen, senkt den Cholesterinspiegel und einen hohen Blutdruck.

Kartoffelpüree mit getrockneten Tomaten

Italienisch: lockeres Kartoffelpüree mit getrockneten Tomaten, Oliven und Parmaschinken.

Für 4–6 Portionen:

750 g fest kochende Kartoffeln
Salz
80 g schwarze Oliven (mit Stein)
100 g getrocknete Tomaten in Öl
1/8 l Milch
100 ml Olivenöl
weißer Pfeffer

1. Kartoffeln schälen, grob zerteilen und zugedeckt in 1/2 l schwach gesalzenem Wasser kochen.

2. Oliven in dünnen Spalten von den Steinen schneiden. Tomaten in 1/2 cm große Würfel schneiden. Milch und Olivenöl zusammen erhitzen.

3. Kartoffeln abgießen, abdämpfen und durch die Kartoffelpresse drücken.

4. Das heiße Olivenöl-Milch-Gemisch nach und nach mit dem Schneebesen unter die Kartoffeln rühren. Mit Pfeffer und eventuell Salz würzen (sehr vorsichtig, da die Oliven und die Tomaten salzig sind!).

5. Ein paar Tomaten, und Olivenspalten für die Dekoration beiseite legen. Den Rest unter das Püree heben. Das Püree mit restlichen Zutaten bestreuen. Dazu passen Staudensellerie und dünn geschnittener Parmaschinken.

Zubereitungszeit: 1 Stunde
Pro Portion (bei 6 Portionen)
4 g E, 27 g F, 19 g KH = 337 kcal (1412 kJ)

Paella

Typisch spanisch: deftige Reispfanne mit Hähnchen, Garnelen und Muscheln.

Für 10 Portionen:

5 Hähnchenkeulen (à 250 g)
Salz, Pfeffer
500 g Schweinefilet
2 Knoblauchzehen
1 Gemüsezwiebel
1 rote und 1 grüne Paprikaschote
8 El Olivenöl
500 g Risotto-Reis
(z. B. Arborio)
2 Briefchen Safranfäden
1 l Hühnerbrühe
20 Miesmuscheln
20 Garnelen (in der Schale, 600 g)
300 g Erbsen (TK)
2 Zitronen (unbehandelt)

1. Hähnchenkeulen häuten und die Keulen im Gelenk durchschneiden. Salzen und pfeffern. Schweinefilet in Streifen schneiden. Knoblauch und Zwiebel pellen und fein würfeln. Paprikaschoten vierteln, entkernen und würfeln.

2. Schweinefilet in 2 El Öl in einer großen Pfanne scharf anbraten. Salzen, pfeffern und herausnehmen. Paprikawürfel mit 2 El Öl in die Pfanne geben und im Bratsatz 2 Minuten anbraten, dann ebenfalls herausnehmen. Hähnchenteile im restlichen Öl anbraten, Knoblauch- und Zwiebelwürfel und Reis dazugeben und kurz mitbraten.

3. Safran in 1/2 l kochender Hühnerbrühe auflösen und in die Pfanne geben. Mit Salz und Pfeffer würzen. Zugedeckt im vorgeheizten Backofen bei 200 Grad (Gas 3, Umluft 175 Grad) auf der 2. Einschubleiste von unten 20 Minuten garen.

4. Muscheln gründlich waschen und putzen, offene Muscheln wegwerfen. Garnelen waschen. Fleisch, Paprika und Erbsen unter den Reis mischen. Restliche heiße Brühe dazugießen und unterrühren. Garnelen und Muscheln darauf setzen. Weitere 20 Minuten zugedeckt garen. Eventuell nachwürzen und mit Zitronenspalten garnieren. Muscheln, die sich nicht geöffnet haben, aussortieren.

Zubereitungszeit: 1 1/2 Stunden
Pro Portion 41 g E, 18 g F, 48 g KH = 528 kcal (2208 kJ)

Oliven-Kräuter-Spaghetti mit Thunfisch

Schnell und einfach: Pasta mit Tomaten, Oliven, Kapern und Thunfisch.

Für 4–6 Portionen:

1 große Dose geschälte Tomaten (800 g EW)
150 g schwarze Oliven (mit Stein)
200 g Zwiebeln
1 große Knoblauchzehe
Salz
100 g kleine Kapern
1 rote Pfefferschote
2 Dosen Thunfisch
(natur, à 200 g EW)
2 große Bund glatte Petersilie
4 Stiele Oregano (ersatzweise
1 1/2 Tl getrockneter Oregano)
500 g Spaghetti
5 El kaltgepresstes Olivenöl
2 Tl abgeriebene Zitronenschale (unbehandelt)

1. Die Tomaten in einem Durchschlag abtropfen lassen. Olivenfleisch in Scheiben vom Stein schneiden. Zwiebeln und Knoblauch pellen. Zwiebeln mittelfein würfeln und die Knoblauchzehe mit wenig Salz im Mörser zerdrücken. Kapern in einem Sieb unter fließendem Wasser abspülen. Pfefferschote längs halbieren, entkernen und sehr fein würfeln. Thunfisch in einem Sieb abtropfen lassen und grob zerpflücken. Petersilien- und Oreganoblätter abzupfen und grob hacken.

2. Spaghetti in kräftig gesalzenem Wasser nach Packungsanweisung kochen. Eine große Schüssel im Backofen vorwärmen. Spaghetti abgießen (dabei ca. 1/4 l Nudelkochwasser aufheben).

3. Inzwischen Olivenöl in einer Pfanne erhitzen. Zwiebelwürfel, Knoblauch und Pfefferschotenwürfel 8–10 Minuten unter gelegentlichem Umrühren darin andünsten. Kräuter, Zitronenschale, Kapern und Oliven dazugeben. Tomaten grob hacken und unterheben. Die Mischung gut durchrühren und bei geringer Hitze warm halten.

4. Spaghetti in 3 Lagen mit Thunfisch und Kräuter-Kapern-Mischung in die vorgewärmte Schüssel einschichten. Mit zwei großen Löffeln unter Zugabe des aufbewahrten Nudelwassers vorsichtig durchmischen und sofort servieren.

Zubereitungszeit: 40 Minuten
Pro Portion (bei 6 Portionen) 24 g E, 31 g F, 71 g KH = 660 kcal (2767 kJ)

In den orientalisch beeinflussten Ländern des Mittelmeeres wie Türkei, Syrien oder Marokko würzt man Hähnchen, Ente und Kaninchen bevorzugt mit exotischen Gewürzen wie Safran, Kreuzkümmel oder Ingwer. In Spanien, Frankreich und Italien setzt man hingegen auf die kräftige Würze von Kräutern wie Salbei, Basilikum, Lorbeer oder Thymian

Geflügel und Wild

Stubenküken mit Safran-Artischocken

Koriander, Pfeffer und Paprika geben dem
Stubenküken die sanfte Schärfe, Safran und Kurkuma den Artischocken die gelbe Farbe.

Für 4 Portionen:

2 Tl Koriandersaat
6–8 schwarze Pfefferkörner
1 Tl Paprikapulver (edelsüß)
Saft von 1 Zitrone
4 El Olivenöl
4 Stubenküken
(à 400 g, küchenfertig)
Salz, schwarzer Pfeffer
100 g Schalotten
3 Artischocken (à 350 g)
400 ml Gemüsefond
1 Tl Kurkuma
2 Msp. Safranfäden
2 kleine Lorbeerblätter
Fett fürs Blech

1. Koriandersaat und Pfefferkörner im Mörser grob zerstoßen. Mit Paprikapulver, 2 Tl Zitronensaft und 2 El Öl verrühren.

2. Stubenküken innen und außen abspülen und trockentupfen. Innen leicht salzen und pfeffern und die Keulen mit Küchengarn zusammenbinden. Die Haut mit dem Gewürzöl einpinseln. Im Kühlschrank bis zur weiteren Verwendung marinieren lassen.

3. Schalotten pellen und in dünne Scheiben schneiden. Restlichen Zitronensaft mit ca. 1 1/2 l kaltem Wasser mischen.

4. Das obere Drittel der Artischocken abschneiden. Die dunklen harten Blätter entfernen. Verbliebenes Grün am Stielansatz rundherum abschneiden. Stielenden abschneiden, Stiele mit einem Sparschäler schälen. Die Artischocken sechsteln und das Heu herausschneiden. Artischocken sofort in das Zitronenwasser geben, damit sie sich nicht verfärben.

5. Restliches Öl erhitzen. Schalotten bei mittlerer Hitze darin 2–3 Minuten ohne Farbe anschwitzen. Gemüsefond dazugießen. Kurkuma, Safran und Lorbeer dazugeben und zum Kochen bringen. Artischocken abtropfen lassen und in den Safransud geben. Geschlossen bei mittlerer Hitze etwa 25 Minuten garen, dabei die Artischocken öfter wenden, damit sie gelb werden.

6. Stubenküken außen salzen und auf ein leicht gefettetes Blech legen. Im vorgeheizten Backofen bei 210 Grad (Gas 3–4, Umluft 185 Grad) auf der 2. Einschubleiste von unten 25 Minuten braten.

7. Artischocken eventuell leicht mit Salz und Pfeffer würzen. Zusammen mit den Schalotten aus dem Sud nehmen und kurz abtropfen lassen.

8. Stubenküken mit den Safran-Artischocken servieren. Dazu passen Paprikapüree als Sauce und Couscous.

Zubereitungszeit: 1 1/4 Stunden
Pro Portion 48 g E, 34 g F, 7 g KH = 532 kcal (2224 kJ)

ARTISCHOCKEN
Die distelähnlichen, faustgroßen Artischocken kamen im 13. Jahrhundert von Ägypten nach Europa. Anbaugebiete sind speziell die Bretagne und alle Mittelmeerländer. Es gibt kleine, große, längliche und runde Artischocken mit grünen, grün-violetten oder violetten Blättern.

Marokkanisches Huhn

Die arabischen Aromen verleihen dem Huhn kräftige Würze.

Für 6 Portionen:

4 Hühnerkeulen (1,25 kg)
2 Hühnerbrüste mit Haut
(1,25 kg)
8 Kardamomkapseln
1 TI Kreuzkümmelkörner
2 El schwarze Pfefferkörner
2 Döschen Safranfäden
1 TI Muskatnuss (frisch gerieben)
1/2 TI Muskatblüte (gemahlen)
1 1/2 TI Zimt (gemahlen)
200 g Zwiebeln
100 g frische Ingwerwurzel
2 Limetten
2 El flüssiger Honig
2 El Thymian (gehackt)
200 g ungeschälte Mandeln
100 g getrocknete Feigen
100 g Kurpflaumen (ohne Stein)
100 g große dunkle Rosinen
50 g Butter
3 El Öl
Salz
400 ml Geflügelfond

1. Hühnerkeulen im Gelenk durchtrennen. Hühnerbrüste längs halbieren und jede Hälfte quer durchschneiden (ergibt 16 Hühnerteile).

2. Für die Würzpaste die Kardamomkapseln aufbrechen und die Kerne herauslösen. Kardamom und Kreuzkümmel im Mörser zerstoßen. Schwarzen Pfeffer ebenfalls im Mörser zerstoßen.

3. Die zerstoßenen Gewürze mit Safran, Muskatnuss, Muskatblüte und Zimt in eine Schüssel geben. Zwiebeln pellen, Ingwer schälen, beides auf der feinen Seite der Haushaltsreibe zu den Gewürzen reiben. Limettenschale dünn abreiben, Saft auspressen. Schale und Saft mit Honig und Thymian zu den Gewürzen geben und gut verrühren.

4. Hähnchenteile mit der Gewürzpaste bestreichen; dabei auch etwas Paste unter die Hühnerhaut streichen. Die Hähnchenteile zugedeckt in einer Arbeitsschale über Nacht (mindestens 6 Stunden) marinieren.

5. Die Mandeln 2–3 Minuten in kochendes Wasser geben, abschrecken und häuten. Die Hälfte der Mandeln längs halbieren. Die restlichen Mandeln ganz lassen. Beide Mandelsorten getrennt in einer Pfanne ohne Fett goldbraun rösten. Ganze Mandeln mahlen.

6. Feigen und Kurpflaumen in Scheiben schneiden und zusammen mit den Rosinen 1 Stunde in 1/4 l lauwarmem Wasser einweichen.

7. Butter und Öl in einer großen Pfanne erhitzen. Hähnchenteile darin portionsweise kurz von beiden Seiten anbraten.

8. Hähnchenteile mit der Hautseite nach oben dicht an dicht auf die Saftpfanne legen und mit dem restlichen Fett aus der Pfanne und der restlichen Marinade begießen. Hähnchenteile salzen und gleichmäßig mit den gemahlenen Mandeln bestreuen.

9. Hähnchenteile im vorgeheizten Backofen bei 200 Grad auf der 2. Einschubleiste von unten 30 Minuten garen (Gas 3, Umluft nicht empfehlenswert). Nach 30 Minuten den Geflügelfond dazugießen. Hähnchenteile weitere 30 Minuten braten und in den letzten 10 Minuten mit dem Bratfond beschöpfen.

10. Hähnchenteile auf eine ofenfeste Platte legen, mit Alufolie zudecken und im ausgeschalteten Backofen warm halten.

11. Bratfond von der Saftpfanne in einen Topf gießen und bei starker Hitze 4–5 Minuten einkochen lassen. Eventuell nachsalzen. Eingeweichtes Trockenobst mit der Flüssigkeit dazugeben und einmal aufkochen lassen. Geröstete Mandelhälften dazugeben. Hähnchenteile mit der Hälfte der Sauce begießen, restliche Sauce getrennt dazu servieren. Dazu passt Couscous.

Zubereitungszeit: 2 Stunden (plus Marinierzeit)
Pro Portion 72 g E, 49 g F, 42 g KH = 901 kcal (3769 kJ)

Kaninchenrückenfilets mit Ziegenfrischkäse

Kleine, saftige Fleischpäckchen: Kaninchenfilets, gefüllt mit Parmaschinken und Ziegenfrischkäse, serviert mit Salbeibutter.

Für 4 Portionen:

8 Kaninchenrückenfilets (à 40 g)
Pfeffer
80 g Ziegenfrischkäse (Rolle)
8 Scheiben Parmaschinken
(à 10 g)
1 Bund Salbei
Salz
3 EI Öl
100 g Butter
1 Zitrone
(in Spalten geschnitten)
Außerdem
Holzspießchen

1. Filets einzeln zwischen Klarsichtfolie legen und auf eine Größe von 15x8 cm flach drücken. Filetscheiben nebeneinander auf die Arbeitsplatte legen und mit Pfeffer würzen. Ziegenfrischkäse in 8 Scheiben schneiden.

2. Jede Kaninchenscheibe mit 1 Scheibe Parmaschinken und 1 Salbeiblatt belegen. Auf die obere Hälfte jedes Filets jeweils 1 Scheibe Ziegenkäse legen. Die untere Filethälfte darüber klappen. Fleischenden mit einem kleinen Holzspieß zusammenstecken.

3. Die gefüllten Filets rundherum mit Salz und Pfeffer würzen. In einer beschichteten Pfanne im Öl bei nicht zu starker Hitze 3–4 Minuten von jeder Seite braten; in den letzten 2 Minuten die Butter und die restlichen Salbeiblätter dazugeben. Die gefüllten Kaninchenrückenfilets mit Salbeibutter und Zitronenspalten servieren. Dazu passen Petersilienkartoffeln.

Zubereitungszeit: 40 Minuten
Pro Portion 24 g E, 38 g F, 1 g KH = 438 kcal (1835 kJ)

Ente mit süß-saurer Sauce

Rotweinessig, Zucker, Kakao und Rosinen
sind die Zutaten, die den süß-sauren Geschmack der Ente prägen.

Für 4 Portionen:

1 Ente (ca. 1,8 kg)
300 ml Rotweinessig
Salz
300 g Möhren
200 g Staudensellerie
250 g Zwiebeln
4 El Öl
2 Lorbeerblätter
1 gestrichener Tl Kakaopulver
1 gestrichener El Zucker
50 g Rosinen
400 ml Geflügelfond
30 g Pinienkerne
schwarzer Pfeffer

1. Am Vortag die Ente vierteln und in einen Topf legen. 2 l Wasser mit 250 ml Essig und 1 gestrichenem El Salz verrühren und darüber gießen.

2. Möhren schälen, Staudensellerie putzen und Zwiebeln pellen. Möhren in dicke Scheiben, Sellerie in Rauten schneiden, Zwiebeln vierteln. Gemüse in die Marinade geben und über Nacht abgedeckt kühl stellen.

3. Am nächsten Tag die Ente aus der Marinade nehmen, trockentupfen und rundherum salzen. Marinade durch ein Sieb gießen und auffangen, Gemüse abtropfen lassen. Entenviertel in einem flachen Bräter im heißen Öl auf der Hautseite anbraten. Mit 125 ml Marinade ablöschen.

4. Entenstücke im vorgeheizten Backofen bei 200 Grad (Gas 3, Umluft 180 Grad) auf der 2. Einschubleiste von unten 35 Minuten braten. Den Bräter herausnehmen, die Entenstücke wenden. Die Gemüse mit Lorbeer dazugeben und im Bratfett wenden. 125 ml Marinade angießen, 35 Minuten weiterbraten (Umluft 30 Minuten und zusätzlich 125 ml Marinade).

5. Ente in eine Servierform geben. Das Gemüse aus dem Bräter nehmen und abgetropft um die Ente verteilen, im ausgeschalteten Backofen warm stellen. Das Fett im Bräter bis auf etwa 3 El abgießen.

6. Kakaopulver und Zucker im restlichen Fett unter Rühren anschwitzen. Mit 2 El Essig ablöschen. Rosinen und Fond dazugeben und bei starker Hitze offen in etwa 5 Minuten auf 2/3 einkochen lassen.

7. Nebenbei Pinienkerne ohne Fett hellbraun rösten. Sauce mit Salz, Pfeffer und eventuell mehr Essig würzen und über das Gemüse gießen. Mit Pinienkernen bestreuen.

Zubereitungszeit: 2 3/4 Stunden (plus Marinierzeit)
Pro Portion 71 g E, 76 g F, 20 g KH = 1128 kcal (4719 kJ)

LORBEER
Die robusten Blätter
des Mittelmeer-
strauches sollten immer
mitgekocht werden, da
sie nur langsam ihr herb-
aromatisches Aroma entfalten.
Deshalb würzt man vor allem Schmor-
gerichte, Suppen und Eintöpfe mit Lorbeer.

115

Kaninchenrouladen

Der Orient lässt grüßen: Joghurt, Kreuzkümmel und Lorbeer würzen das Fleisch, Safran den Couscous, Knoblauch und Thymian die Tomaten.

Für 4 Portionen:

150 g griechischer Sahnejoghurt (10 %)
20 g frische Ingwerwurzel
1/2 Tl Harissa (Chilipaste, orientalischer Laden)
1/2 Tl mittelscharfer Senf
8 Kaninchenrückenfilets (à 60 g)
Pfeffer, Salz
2–3 Msp. Kreuzkümmel (gemahlen)
17 frische kleine Lorbeerblätter
12 mittelgroße Tomaten (à 40 g)
2 Knoblauchzehen
4 Stiele Thymian
4 El Olivenöl
grobes Salz
3 El Öl
50 g Butter
1 Kapsel Safranfäden
400 ml Gemüsebrühe
300 g Instant-Couscous (mittelgroßes Korn)
2 El glatte Petersilie (grob gehackt)
Außerdem
Holzspießchen

1. Joghurt in einem Sieb abtropfen lassen. Ingwer schälen und sehr fein würfeln. Joghurt mit Harissa und Senf verrühren.

2. Mit einem Plattiereisen die Kaninchenrückenfilets zwischen Klarsichtfolie 3–4 mm dünn flach klopfen. Die Fleischscheiben sollten 15x10 cm groß sein. Scheiben nebeneinander legen, mit wenig Pfeffer würzen und mit je 1 Tl der Joghurtmischung dünn bestreichen. Ingwer gleichmäßig darauf verteilen. Fleischscheiben von der Schmalseite her aufrollen und mit Holzspießen zusammenstecken. Rouladen rundherum mit Salz, Pfeffer und Kreuzkümmel würzen. Jeweils 1 Lorbeerblatt auf jede Seite einer Roulade stecken.

3. Tomaten waschen und abtropfen lassen. Knoblauch pellen und fein hacken. Tomaten dicht nebeneinander mit den Thymianstielen auf ein Backblech setzen. Mit Olivenöl beträufeln. Knoblauch darüber verteilen und mit grobem Salz würzen.

4. Öl in einer Pfanne erhitzen und die Kaninchenrouladen von beiden Seiten bei starker Hitze anbraten. Aus der Pfanne nehmen und zu den Tomaten auf das Backblech setzen.

5. Tomaten und Rouladen im vorgeheizten Backofen bei 200 Grad (Gas 3, Umluft 10–15 Minuten bei 180 Grad) auf der 2. Einschubleiste von unten 15 Minuten garen.

6. Inzwischen 20 g Butter in einem Topf zerlassen und die Safranfäden kurz anschwitzen. Mit Brühe auffüllen, Salz und das restliche Lorbeerblatt dazugeben und aufkochen lassen. Couscous einrühren, vom Herd ziehen und 10 Minuten offen quellen lassen. Restliche Butter in Flöckchen mit einer Gabel unterarbeiten.

7. Kaninchen und Tomaten aus dem Ofen nehmen und mit Petersilie bestreuen. Tomaten, Rouladen und Couscous auf einer Platte anrichten. Restlichen Joghurt dazu servieren.

Zubereitungszeit: 1 1/4 Stunden
Pro Portion 36 g E, 35 g F, 58 g KH = 696 kcal (2917 kJ)

THYMIAN
Von Haus aus ist Thymian ein Kraut des Mittelmeerraumes. Seine kleinen Blättchen verleihen besonders Braten, Auberginen, Zucchini und Tomaten ein unverwechselbar kräftiges und duftendes Aroma.

Kaninchen-Tomaten-Päckchen

Sieht hübsch aus und duftet herrlich:
Kaninchen auf Tomaten-Bohnen-Gemüse in Pergament gebacken.

Für 4 Portionen:
40 g durchwachsener
italienischer Speck
4 Kaninchenrückenfilets (à 70 g)
Salz, Pfeffer
9 El Olivenöl
80 g Schalotten
1 Knoblauchzehe
250 g kleine Pfifferlinge
1 Dose kleine weiße Bohnen
(450 g EW)
12 Strauchtomaten (à 30 g)
100 ml Weißwein
250 ml Geflügelfond
2 El glatte Petersilie (gehackt)
8 kleine Stiele Thymian
8 Basilikumblätter
Außerdem
8 Backpapierbögen
(à 35x35 cm,
ersatzweise Alufolie)
Öl zum Bestreichen

1. Speck fein würfeln. Kaninchen-fleisch salzen und pfeffern. Fleisch und Speck in einer Pfanne in 1 El Olivenöl 1 Minute an-braten, aus der Pfanne nehmen und beiseite stellen.

2. Schalotten und Knoblauch pellen und in feine Scheiben schneiden. Pfifferlinge putzen, waschen, abtropfen lassen und zum Trocknen auf Küchenpapier legen. Bohnen in einem Sieb mit kaltem Wasser abspülen und gut abtropfen lassen. Tomaten waschen und halbieren.

3. In einer großen Pfanne 3 El Olivenöl erhitzen. Pfifferlinge 3 Minuten anbraten. Schalotten und Knoblauch dazugeben und 2 Minuten mitbraten. Weißwein und Geflügelfond dazugießen. Bohnen dazugeben und einmal aufkochen lassen, herzhaft mit Salz und Pfeffer würzen. Zuletzt die Petersilie untermischen. Gemüse mit einer Schaumkelle aus dem Sud heben, gut ab-tropfen lassen und in eine Arbeits-schale geben. Gemüsesud mit restlichem Olivenöl zu einer Sauce verrühren.

4. 4 Bögen Backpapier auf der Arbeitsfläche nebeneinander legen, leicht mit Öl einpinseln und jeweils mit einem zweiten Bogen belegen. Auf die Mitte jedes Bogens 1/4 Bohnen-Pilz-Gemüse, je 6 Tomatenhälften, je 1 Kanin-chenrückenfilet, 1/4 Speck und je 2 Thymianstiele geben. Die Bögen über der Füllung zu Päck-chen verschließen, eine kleine Öffnung frei lassen, die Enden fest zusammendrehen. Die Gemüse-sauce durch die Öffnung in die Päckchen gießen.

5. Päckchen fest verschließen, auf ein Backblech setzen und im vor-geheizten Backofen bei 220 Grad (Gas 3–4, Umluft 200 Grad) auf der untersten Einschubleiste 20–25 Minuten garen.

6. Basilikumblätter grob zer-zupfen. Die Päckchen aus dem Ofen nehmen, auf Teller setzen und öffnen. Basilikum hinein-streuen und die Päckchen sofort servieren. Dazu passt italie-nisches Weißbrot oder Baguette.

Zubereitungszeit: 1 1/4 Stunden
Pro Portion 24 g E, 28 g F, 13 g KH =
408 kcal (1712 kJ)

Süßes

Es gibt kaum Schöneres, als ein romantisches Abendessen mit einem hinreißenden Dessert zu krönen. Rund ums Mittelmeer veredelt man Ricotta, Mascarpone und Sahne zu eleganten Cremes wie Tiramisu, Orangenflan und Panna Cotta, oft serviert mit feinen Frucht- oder Karamellsaucen

Ricottacreme mit Feigen

Rund ums Mittelmeer beliebt: frische Feigen auf luftiger Ricottacreme, verfeinert mit Karamellsauce.

Für 8 Portionen:

5 Blatt weiße Gelatine
6 Eier (Kl. M, getrennt)
250 g Puderzucker
1 Pk. Vanillezucker
2 Tl abgeriebene Zitronenschale
(unbehandelt)
2 El Zitronensaft
500 g Ricotta
(italienischer Frischkäse)
12 Feigen
50 g Butter
1/2 l Orangensaft
1–2 Tl abgeriebene
Orangenschale (unbehandelt)
2 El Orangenlikör
100 g rote Johannisbeeren
1 Topf Zitronenmelisse

1. Gelatine in kaltem Wasser einweichen. Eigelb mit 100 g Puderzucker, Vanillezucker, Zitronenschale und -saft cremig aufschlagen. Gelatine tropfnass bei milder Hitze auflösen und unterrühren.

2. Eiweiß steif schlagen. Den Ricotta erst unter die Eigelbmasse ziehen, dann den Eischnee vorsichtig mit einem Spatel unterheben. Creme kalt stellen.

3. Die Feigen eventuell abziehen und halbieren. Restlichen Puderzucker als Haufen in eine Pfanne geben und bei mittlerer Hitze karamellisieren lassen. Butter dazugeben und unter Rühren mit Orangensaft ablöschen. Im Backofen bei starker Hitze auf 1/4 l einkochen lassen. Orangenschale und Orangenlikör dazugeben.

4. Die Feigen auf Portionstellern anrichten und mit 3/4 der Karamellsauce überziehen, mit geputzten Johannisbeeren und Zitronenmelisse garnieren. Restliche Karamellsauce über die Creme träufeln.

Zubereitungszeit: 1 Stunde
Pro Portion 14 g E, 18 g F, 54 g KH =
446 kcal (1866 kJ)

ZITRONENMELISSE
Ihr Aroma erinnert an Zitronenschale.
Häufig nimmt man Zitronen-
melisse zum Garnieren von Süßspeisen.
Die zarten Blätter sind aber auch
ideal zum Würzen von süß-sauren Desserts
und schmecken in pikanten
Kräutersaucen, in Kräuterbutter oder
Kräuterquark.

Kadayif

Zuckersüß und knusprig: syrisches Dessert aus Teigfäden, mit Frischkäsefüllung gebacken.

Für 12–16 Portionen:

450 g Zucker
2 El Zitronensaft
125 g Sultaninen
200 ml Weißwein
650 g Ricotta
(italienischer Frischkäse)
250 g Ziegenfrischkäse
500 g Kataifi-Teigfäden
(in arabischen Läden)

1. Zucker mit 325 ml Wasser und Zitronensaft aufkochen und 10 Minuten bei mittlerer Hitze kochen, abkühlen lassen.

2. Sultaninen grob hacken, in Weißwein aufkochen und 10 Minuten ziehen lassen. In einem Sieb abtropfen lassen, dabei die Flüssigkeit auffangen.

3. Ricotta kurz abtropfen lassen, mit Ziegenfrischkäse in einer Schüssel verrühren und die Sultaninen dazugeben. Die Masse soll gut streichfähig sein, wenn nötig, noch etwas vom Kochwein zugeben.

4. Kataifi-Teigfäden in einer großen Schüssel auflockern, dabei die Teigfäden voneinander trennen. Die Hälfte des Teigs in eine ofenfeste Form (2 1/2 l Inhalt) legen. Käsemasse darüber streichen und mit dem restlichen Teig bedecken, den Teig leicht andrücken.

5. Teig mit Folie abdecken und im vorgeheizten Backofen bei 180 Grad (Gas 2–3, Umluft 160 Grad) auf der 2. Einschubleiste von unten 30 Minuten backen. Die Folie entfernen und das Kadayif weitere 25 Minuten backen, bis der Teig goldbraun ist. Etwas abkühlen lassen, aus der Form stürzen und mit dem Sirup begießen.

Zubereitungszeit: 1 1/2 Stunden
Pro Portion (bei 16 Portionen) 5 g E, 10 g F, 43 g KH = 286 kcal (1194 kJ)

Erdbeer-Tiramisu

Fruchtige Variante des italienischen Dessert-Klassikers: Tiramisu mit Erdbeeren, Himbeergeist und Cantuccini.

Für 6 Portionen:

8 Blatt weiße Gelatine
1 kg reife Erdbeeren
1 Limette
160 g Puderzucker
6 El Himbeergeist
500 g Mascarpone
(zimmerwarm)
200 g Sahnejoghurt
(zimmerwarm)
Salz

**1/4 l Schlagsahne
400 g Cantuccini
(ital. Haselnusszwieback,
grob zerkleinert)**

1. 3 Blatt und 5 Blatt Gelatine
getrennt in kaltem Wasser
einweichen. Erdbeeren waschen,
abtropfen lassen und putzen.
350 g Erdbeeren in kleine Würfel
schneiden und zur Seite stellen.
Die Schale der Limette dünn abreiben und den Saft auspressen.

2. 500 g Erdbeeren und 60 g Puderzucker mit Limettensaft und
-schale in eine Schüssel geben
und mit dem Schneidstab pürieren. 3 Blatt Gelatine tropfnass bei
milder Hitze auflösen und mit
4 El Himbeergeist verquirlen. Die
Mischung mit einem Schneebesen
unter das Erdbeerpüree ziehen.

3. Mascarpone, Sahnejoghurt,
1 Prise Salz und den restlichen
Puderzucker mit den Quirlen des
Handrührers 2–3 Minuten aufschlagen. 5 Blatt Gelatine tropfnass bei milder Hitze auflösen und
mit dem restlichen Himbeergeist

verquirlen. Schlagsahne steif
schlagen und nach und nach mit
einem Schneebesen unter die
Mascarponemischung rühren.
Erdbeerwürfel und 3 El Erdbeerpüree so unterrühren, dass die
Mascarpone-Sahne-Creme rötlich
marmoriert ist.

4. In einer großen Glasschale
zuerst ca. 1/3 der Cantuccini auf
dem Boden verteilen und mit
ca. 4 El Erdbeerpüree beträufeln.
Darauf ca. 1/3 der Creme geben
und vorsichtig verstreichen. So

fortfahren, bis alle Zutaten ver-
braucht sind. (Die Anzahl der
Schichten richtet sich nach Form
und Größe der Schüssel, die letzte
Schicht sollte aus Mascarpone-
creme und einigen Cantuccini
bestehen.) Erdbeer-Tiramisu für
ca. 1 Stunde in den Kühlschrank
stellen. Zum Servieren die restlichen Erdbeeren längs vierteln,
dekorativ in der Mitte der Schale
anrichten und mit dem restlichen
Erdbeerpüree begießen.

Zubereitungszeit: 1 Stunde (plus Kühlzeit)
Pro Portion 19 g E, 63 g F, 79 g KH =
982 kcal (4114 kJ)

Crespelle mit Pfirsichkompott

Köstliches Sommer-Dessert:
mit Ricotta gefüllte Pfannkuchen und Pfirsiche –
im Ofen mit Mandeln überbacken.

Für 8 Portionen:

Crespelle
100 g Mehl
30 g Zucker, 150 ml Milch
Salz, 2 Eier (Kl. M)
30 g Butter
8 Tl Honig
Füllung und Kompott
600 g Ricotta (italienischer Frischkäse)
80 g Amaretti
(italienisches Mandelgebäck)
50 g Puderzucker (gesiebt)
abgeriebene Schale von
1 Zitrone (unbehandelt)
6 Pfirsiche
40 g Butter (zimmerwarm)
40 g Mandelblättchen
120 ml Orangensaft
2 El Amaretto

1. Für die Crespelle Mehl sieben und mit Zucker, Milch und 1 Prise Salz verrühren, dann die Eier unterarbeiten. Den Teig 15 Minuten ausquellen lassen.

2. Inzwischen Ricotta in einem Sieb abtropfen lassen. Amaretti grob zerbröseln und mit Ricotta, 30 g Puderzucker und Zitronenschale verrühren.

3. Die Butter zerlassen. Eine beschichtete Pfanne (20 cm Ø) jeweils mit wenig Butter einstreichen. Nacheinander 8 dünne Pfannkuchen backen. Jeden auf einer Seite mit 1 Tl Honig bestreichen.

4. Ricottamasse auf die Pfannkuchen verteilen und glatt streichen. Pfannkuchen aufrollen und nebeneinander in eine feuerfeste Form legen.

5. Pfirsiche kreuzweise einritzen, kurz in siedendes Wasser geben, abschrecken, häuten, vierteln und entsteinen, in die Auflaufform legen.

6. Butter mit Mandelblättchen verkneten und über Crespelle und Pfirsiche streuen.

7. Orangensaft mit restlichem Puderzucker um 1/3 einkochen lassen, mit Amaretto würzen und über die Pfirsiche gießen.

8. Crespelle im vorgeheizten Backofen bei 180 Grad (Gas 2–3, Umluft 10 Minuten bei 170 Grad) auf der 2. Einschubleiste von unten 10–15 Minuten backen. Sofort servieren.

Zubereitungszeit: 1 1/4 Stunden
Pro Portion 15 g E, 25 g F, 40 g KH = 456 kcal (1909 kJ)

Orangenflan mit Obst

Spanischer Dessert-Klassiker: Flan mit Karamell und Früchten.

Für 10 Portionen:

15 g Butter
300 g Zucker
3/4 l Milch
1 Vanilleschote
4 Eier (Kl. M)
4 Eigelb (Kl. M)
5 Orangen (unbehandelt)
2 Kiwis
je 150 g grüne und blaue
Weintrauben
Außerdem
Eiswasser

1. Terrinenform (1 1/4 l Inhalt) mit Butter ausfetten.

2. 225 g Zucker bei mittlerer Hitze zu goldbraunem Karamell schmelzen. 6 El heißes Wasser dazugeben und so lange erhitzen, bis sich der Karamell gelöst hat. Sofort in die Form gießen. Die Form in eine Schale mit Eiswasser stellen, damit der Karamell schnell fest wird.

3. Milch mit der ausgekratzten Vanilleschote und dem Vanillemark aufkochen und vom Herd ziehen. Eier, Eigelb und restlichen Zucker verquirlen. Die warme Milch hineinrühren, dann alles durch ein Sieb gießen. Orangen waschen, von 2 Früchten die Schale fein abreiben und unter die Milch rühren.

4. Eiermilch in die Form gießen. Eine Saftpfanne auf die 2. Einschubleiste von unten in den auf 160 Grad (Gas 1–2, Umluft 150 Grad) vorgeheizten Backofen setzen, Saftpfanne mit heißem Wasser füllen. Abgedeckte Form hineinstellen und den Flan 1 Stunde garen, abkühlen lassen.

5. Orangen wie Äpfel schälen und die Filets herausschneiden. Kiwis schälen und in Spalten schneiden. Trauben waschen und von den Stielen pflücken. Flan auf eine Platte stürzen, mit dem Obst garnieren.

Zubereitungszeit: 1 1/2 Stunden (plus Kühlzeiten)
Pro Portion 8 g E, 10 g F, 48 g KH = 324 kcal (1357 kJ)

Panna cotta mit Orangensauce

Wie in Italien: cremiger Sahnepudding mit Orangensauce und marinierten Melonenkugeln.

Für 4 Portionen:

Panna cotta
3 Blatt weiße Gelatine, 1 Vanilleschote
400 ml Schlagsahne, 30 g Zucker, 2 El Amaretto
1 Tl abgeriebene Orangenschale (unbehandelt)
100 g Crème fraîche

Orangensauce
1 Blatt weiße Gelatine, 50 g Akazienhonig
200 ml Orangensaft (frisch gepresst)
70 g eiskalte Butter (in Würfeln)

Marinierte Melonen
1/2 kleine Kantalup-Melone
1/2 kleine Netzmelone
6 Blatt Minze und ein paar Blätter zum Garnieren
2 El Cointreau, 30 g Puderzucker
Schale von 1/2 Orange
(unbehandelt, in feine Streifen geschnitten)

1. Am Vortag für die Panna cotta Gelatine in kaltem Wasser einweichen. Vanilleschote aufschneiden und Mark herauskratzen. Sahne, Zucker, Amaretto, Vanillemark und -schote in einem Topf verrühren und aufkochen. Von der Herdplatte nehmen. Gelatine ausdrücken und in der Sahne auflösen. Sahne durch ein Haarsieb gießen.

2. Sahne etwa 20 Minuten abkühlen lassen, dann geriebene Orangenschale und Crème fraîche unterrühren. In Förmchen von 125 ml Inhalt füllen, abdecken und über Nacht im Kühlschrank kalt stellen.

3. Am nächsten Tag für die Sauce Gelatine in kaltem Wasser einweichen. Honig in einem Topf zum Kochen bringen und leicht karamellisieren. Orangensaft dazugießen und auf die Hälfte einkochen lassen. Von der Herdplatte nehmen und ausgedrückte Gelatine darin auflösen. Anschließend eiskalte Butter einschwenken und die Sauce im Eiswasserbad kaltrühren.

4. Melonen halbieren und entkernen. Mit einem Kugelausstecher das Fruchtfleisch ausstechen und mit Minze, Cointreau und Puderzucker 30 Minuten im Kühlschrank marinieren. Orangenschalenstreifen kurz in siedendes Wasser geben, abschrecken und abtropfen lassen.

5. Zum Servieren die Förmchen kurz in heißes Wasser tauchen und die Creme auf Teller stürzen. Sauce und Melonenkugeln dazulegen, mit etwas Minze und Orangenschalenstreifen garnieren.

Zubereitungszeit: 1 1/4 Stunden (plus Kühlzeiten)
Pro Portion 6 g E, 52 g F, 42 g KH = 674 kcal (2824 kJ)

Das katalanische Fest beginnt mit
geröstetem Brot, das man nach Belieben
mit gutem Olivenöl, grobem Meersalz
und halbierten Tomaten einreibt.
Dazu passen pikant eingelegte Sardellen
und eine kalte Gemüse-Mandel-Sauce.
Spanischer Sekt und trockener
Weißwein bilden die flüssige Ergänzung.
Rezepte ab Seite 135

Die Küche im Nordosten Spaniens lebt von den erstklassigen Rohprodukten und den Einflüssen aus Südfrankreich und Italien. Beste Voraussetzungen also, um ein temperamentvolles Fest zu genießen mit eingelegten Sardellen, Cannelloni mit Wildfüllung oder gebrannter Mandelcreme mit eingelegten Feigen

Katalanische Party

Nach dem schlichten Auftakt wird es jetzt
üppiger mit Cannelloni mit Wildragout. Heiß aus dem Ofen
kommen Kichererbsen mit Huhn, Seeteufel und
Venusmuscheln. Mittelpunkt des Buffets ist eine Jungschweinkeule mit Pilzen. Dazu schmecken
Lorbeerkartoffeln. Und als Happen zwischendurch nascht
man Ziegenfrischkäse mit Datteln und Feigensenf.
Rezepte ab Seite 136

132

*Großes Dessert-Finale:
Honigfrischkäse zwischen
Mandelkrokantblättern
und Birnenpüree. Zur gebrannten
Mandelcreme mit Zuckerkruste
schmecken marinierte Feigen,
Orangensauce mit Granatapfelkernen
und Apfelpüree mit Safran.
Rezepte ab Seite 138*

Tomatenbrot

Für 10–12 Portionen:

24 Scheiben gemischtes Brot
(kräftiges Graubrot, spanisches
oder portugiesisches Weißbrot)
12 Knoblauchzehen
12 vollreife Tomaten
Olivenöl zum Beträufeln
grobes Salz

1. Brotscheiben portionsweise
unter dem Grill des Backofens auf
der 2. Einschubleiste von oben 2–
3 Minuten pro Seite goldbraun
rösten.

2. Knoblauchzehen ungeschält
halbieren. Tomaten halbieren.

3. Geröstete Brotscheiben mit
Knoblauch einreiben. Tomaten auf
dem Brot ausdrücken und damit einreiben. Brotscheiben mit
wenig Olivenöl beträufeln und
mit etwas grobem Salz würzen.
Sofort servieren.

Zubereitungszeit: 30 Minuten
Pro Portion (bei 12 Portionen)
4 g E, 5 g F, 29 g KH = 180 kcal (754 kJ)

SO FUNKTIONIERT
DAS BUFFET
*Unsere Rezepte bieten
Ihnen eine Fülle an Vor-
schlägen für katalanisch
inspirierte Vorspeisen,
Hauptgerichte und
Desserts. Das meiste lässt
sich problemlos am
Vortag vorbereiten. Ganz
bewußt haben wir auf
einen Arbeitsplan ver-
zichtet: Picken sie sich das
heraus, was Ihnen am
meisten zusagt, und
bereiten Sie es in
Ruhe vor.*

Mandel-Gemüse-Sauce

Für 10–12 Portionen:

30 g Mandelblättchen
2 rote Pfefferschoten
6 Knoblauchzehen
400 g Tomaten
1/2 Bund glatte Petersilie
1–2 El Rotweinessig
120 ml Olivenöl
Salz, Pfeffer
1/2 Tl Zucker

1. Mandeln in einer Pfanne ohne
Fett goldbraun rösten. Pfefferschoten längs halbieren, entkernen und fein würfeln. Knoblauch
pellen und ebenfalls fein würfeln.
Tomaten über Kreuz einritzen,
kurz in siedendes Wasser geben,
abschrecken, häuten, vierteln und
entkernen. Fruchtfleisch in kleine
Würfel schneiden. Petersilienblätter abzupfen und fein hacken.

2. Mandeln, Pfefferschoten und
Knoblauch in einem Mörser
zu einer Paste zerdrücken. Die
Mandel-Knoblauch-Paste mit
Rotweinessig, Olivenöl, Tomaten
und Petersilie verrühren, mit Salz,
Pfeffer und Zucker würzen. Die
Sauce bis zum Servieren abge-
deckt kalt stellen. Zu geröstetem
Brot servieren.

Zubereitungszeit: 45 Minuten
Pro Portion (bei 12 Portionen)
1 g E, 11 g F, 2 g KH = 113 kcal (473 kJ)

Eingelegte Sardellen

Für 10–12 Portionen:

100 g Schalotten
3 Knoblauchzehen
150 g Zucchini
100 ml Olivenöl
Salz, Pfeffer
1 kg Boquerones al vinagre
(in Essig und Öl eingelegte
Sardellen, abgetropft 650 g,
spanische oder italienische
Geschäfte)
30 g Pinienkerne
1 Stiel Thymian
1 Zweig Rosmarin
20 g Zucker
je 1 rote und gelbe
Paprikaschote (à 150 g)
150 g Tomaten
1 Bund glatte Petersilie
1 El Weißweinessig

1. Schalotten und Knoblauch pellen und fein würfeln. Zucchini putzen, längs in 4 mm dünne Scheiben, dann in 4 mm dünne Streifen schneiden und zum Schluss fein würfeln. Schalotten, Knoblauch und Zucchini in 1 El Olivenöl 2 Minuten anbraten, salzen, pfeffern und in der Pfanne abkühlen lassen.

2. Sardellen in ein Sieb geben, kalt abspülen und abtropfen lassen.

3. Pinienkerne in einer Pfanne ohne Fett goldbraun rösten und herausnehmen. Thymian und Rosmarin abzupfen. Zucker in einer heißen Pfanne karamellisieren. Pinienkerne, Thymian und Rosmarin dazugeben, mit einem Holzlöffel kurz durchrühren und sofort auf Backpapier geben. Pinienkern-Kräuter-Mischung abkühlen lassen, dann mit einem schweren Messer grob hacken.

4. Paprikaschoten vierteln, entkernen und mit der Hautseite nach oben auf ein Backblech legen. Unter dem Backofengrill auf der 1. Einschubleiste von oben 4–6 Minuten grillen. Herausnehmen und mit einem feuchten Tuch abdecken. Paprikaviertel häuten und fein würfeln.

5. Tomaten über Kreuz einritzen, kurz in siedendes Wasser geben, abschrecken, häuten, vierteln und entkernen. Fruchtfleisch in kleine Würfel schneiden. Petersilienblätter abzupfen, fein hacken.

6. Schalotten, Knoblauch, Zucchini, Sardellen, gehackte Kräuter-Pinienkerne, Paprika, Tomaten, Petersilie, Essig und restliches Olivenöl vorsichtig mischen und abgedeckt bis 2 Stunden vor dem Servieren kalt stellen. Eventuell mit Salz und Pfeffer nachwürzen.

Zubereitungszeit: 1 Stunde (plus Kühlzeit)
Pro Portion (bei 12 Portionen)
12 g E, 19 g F, 4 g KH = 235 kcal (984 kJ)

PASSENDE GETRÄNKE
Wer es rundum spanisch haben möchte, stellt Wasser, Bier und Wein aus dem Ursprungsland auf den Tisch. Unverzichtbar bei diesem Fest ist Cava, der spanische, nach der Champagnermethode hergestellte Schaumwein. Auch ein Weißwein, passend zum Fisch, und ein körperreicher Rotwein zum Fleisch sollten nicht fehlen.

Cannelloni mit Wildfüllung

Für 10–12 Portionen:

Ragout
1–2 Gemüsezwiebeln (300 g)
6 Knoblauchzehen
150 g Möhren
100 g Staudensellerie
800 g Wildgulasch
(Reh oder Hirsch,
aus Schulter oder Keule)
4 Wacholderbeeren
300 g Tomaten
8 El Olivenöl
Salz, Pfeffer
1 Zweig Rosmarin
1 Lorbeerblatt
2 Stiele Thymian
1 El Tomatenmark
300 ml Rotwein
2 Tl Zucker
1,2 l Wildfond
(Umluft 1,5 l)
10 g Butter
24 Cannelloni-Hülsen
Sauce
60 g Butter, 50 g Mehl
1,4 l Wildfond
1 Zweig Rosmarin
4 Wacholderbeeren
2 Lorbeerblätter
5 g getrocknete Steinpilze
Salz, Pfeffer

1. Für das Ragout Zwiebeln und Knoblauch pellen und fein würfeln. Möhren schälen, Staudensellerie putzen, beides fein würfeln. Das Wildgulasch durch die mittlere Scheibe des Fleischwolfs drehen. Wacholderbeeren im Mörser zerdrücken. Tomaten in grobe Stücke schneiden.

2. Hackfleisch in einem Bräter in 4 El Olivenöl bei starker Hitze anbraten, salzen, pfeffern und in eine Arbeitsschale umfüllen. Bräter grob mit Küchenpapier reinigen.

3. Zwiebel, Knoblauch, Möhren und Staudensellerie im restlichen Olivenöl goldbraun anbraten. Hackfleisch, Rosmarin, Lorbeer, Thymian und Wacholder dazugeben. Tomatenmark unterrühren. Mit Rotwein ablöschen und einkochen lassen.

4. Tomatenstücke und Zucker dazugeben und mit Wildfond aufgießen. Das Ragout bei sehr milder Hitze 4 1/2 Stunden offen kochen lassen, dabei ab und zu umrühren. Abkühlen lassen. Kräuterzweige entfernen. Ragout in einen Spritzbeutel füllen.

5. Eine feuerfeste Form (36x24 cm) mit Butter einfetten. Cannelloni-Hülsen mit dem Ragout füllen (je ca. 30 g pro Hülse) und dicht nebeneinander in die Form setzen.

6. Für die Sauce die Butter in einem Topf zerlassen, Mehl einrühren und mit Wildfond aufgießen. Rosmarin, Wacholder, Lorbeer und Steinpilze dazugeben. Unter Rühren 20 Minuten offen einkochen lassen. Salzen und pfeffern.

7. Die Sauce über die Cannelloni gießen und im vorgeheizten Backofen bei 180 Grad (Gas 2–3, Umluft 30 Minuten bei 170 Grad) auf der 2. Einschubleiste von unten 40 Minuten garen. Herausnehmen, abgedeckt 20 Minuten ruhen lassen.

Zubereitungszeit: 1 1/2 Stunden
(plus Kochzeit für das Ragout)
Pro Portion (bei 12 Portionen)
22 g E, 14 g F, 37 g KH = 367 kcal (1536 kJ)

Kichererbsen mit Huhn und Seeteufel

Für 10–12 Portionen:

6 Knoblauchzehen
1 Gemüsezwiebel (250 g)
200 g Staudensellerie
400 g Tomaten
1 Glas Kichererbsen (600 g EW)
1 rote Pfefferschote
1 Orange (unbehandelt)
1 TI Zucker
1 TI Tomatenmark
4 Lorbeerblätter
2 Wacholderbeeren
2 Gewürznelken
1 Stiel Thymian
1 kleiner Zweig Rosmarin
1 Dose geschälte Tomaten
(800 g EW)
Salz, Pfeffer
400 g Seeteufelfilet
800 g Hähnchenteile
(Brust, Keule)
1 kg frische Venusmuscheln
8 El Olivenöl
2 El Petersilie (gehackt)
1 El Estragon (fein geschnitten)

1. Knoblauch und Zwiebel pellen und fein würfeln. Sellerie schälen und in feine Würfel schneiden. Tomaten in grobe Stücke schneiden. Kichererbsen in ein Sieb gießen und mit kaltem Wasser abspülen. Pfefferschote längs halbieren, entkernen und fein würfeln. Orange sehr dünn schälen, halbieren und den Saft auspressen.

2. Zucker in einem Topf schmelzen. Knoblauch, Zwiebeln, Staudensellerie, Tomaten, Pfefferschotenwürfel darin karamellisieren und mit dem Orangensaft ablöschen. Tomatenmark unterrühren, Orangenschale, Lorbeer, Wacholder, Nelken, Thymian, Rosmarin und geschälte Tomaten dazugeben, mit 1/2 l Wasser auffüllen. Kichererbsen dazugeben, mit Salz und Pfeffer würzen. Bei milder Hitze 45 Minuten leise offen kochen lassen, dabei mehrmals umrühren. Abkühlen lassen.

3. Seeteufelfilet und Geflügelfleisch in 2–3 cm große Würfel schneiden. Muscheln sehr gründlich wässern (dabei das Wasser öfter wechseln). Beschädigte oder offene Muscheln wegwerfen. Restliche Muscheln abtropfen lassen. Fisch und Geflügel portionsweise in je 2 El Olivenöl rundherum anbraten und auf 12 feuerfeste Schalen (z. B. Tonschalen) verteilen.

4. Kichererbsen-Tomaten-Gemüse bei milder Hitze aufkochen. Mit den Muscheln auf die Schalen verteilen. Die Schalen auf 3 Backbleche setzen und im vorgeheizten Backofen bei 200 Grad (Gas 3, Umluft 180 Grad) übereinander 15 Minuten garen, bis sich die Muscheln geöffnet haben; nach der Hälfte der Garzeit die Backbleche tauschen. Mit Petersilie und Estragon bestreuen, sofort servieren.

Zubereitungszeit: 2 Stunden
Pro Portion (bei 12 Portionen)
21 g E, 13 g F, 11 g KH = 246 kcal (1031 kJ)

Jungschwein- keule mit Pilzen

Für 10–12 Portionen:

1 Schweinekeule mit Schwarte
(ca. 3 kg)
3 Zweige Rosmarin
3 Stiele Thymian
1 TI Fenchelsaat
Pfeffer
750 g Pfifferlinge
750 g kleine Steinpilze
1 Zwiebel
2 El Öl
Salz
1,2 l Wildfond
1 Knoblauchknolle
10 El Olivenöl
500 ml Rotwein
100 g Serrano-Schinken
(in dünnen Scheiben)
1 Bund glatte Petersilie
2 TI Speisestärke

1. Die Schwarte der Keule mit einem sehr scharfen Messer im Abstand von 2 cm über Kreuz einritzen. Rosmarin und Thymian zerkleinern. Fenchelsaat im Mörser zerstoßen. Keule auf der Fleischseite mit Pfeffer, Fenchelsaat und Kräutern würzen. Mit der Fleischseite nach unten in eine Arbeitsschale oder auf ein Backblech legen und bis zur weiteren Verwendung abgedeckt kalt stellen.

2. Pfifferlinge und Steinpilze gründlich putzen. Pilzabschnitte (ca. 300 g) aufbewahren (falls die Pfifferlinge sehr sandig sein sollten, in reichlich kaltem Wasser kurz waschen, sehr gut abtropfen lassen). Pfifferlinge und Steinpilze getrennt auf Küchentüchern bis zur Weiterverarbeitung kühl aufbewahren.

3. Zwiebel pellen und fein würfeln. Pilzabschnitte und Zwiebel im Öl andünsten, salzen, pfeffern und mit Wildfond aufgießen, aufkochen und 30 Minuten ziehen lassen. Durch ein sehr feines Sieb in einen anderen Topf gießen (ergibt ca. 1 l Pilzfond).

4. Knoblauchknolle quer halbieren. Von der Schweinekeule die Kräuter entfernen, die Keule rundherum mit Salz würzen. 5 El Olivenöl in einem Bräter nicht zu stark erhitzen. Knoblauch und die Keule mit der Schwarte nach unten darin anbraten. Umdrehen, die Kräuter wieder dazugeben. Mit Rotwein und der Hälfte des Pilzfonds aufgießen. Die Flüssigkeit aufkochen lassen.

5. Die Keule im vorgeheizten Backofen bei 160 Grad (Gas 1–2, Umluft nicht empfehlenswert) auf der 2. Einschubleiste von unten 2 1/2 Stunden garen, dabei nach und nach den restlichen Fond dazugeben.

6. Größere Steinpilze und Pfifferlinge halbieren bzw. vierteln. Schinken in dünne Streifen schneiden. Petersilie grob hacken.

7. Die Keule aus dem Ofen nehmen und warm halten. Fond durch ein Sieb in einen anderen Topf gießen. Den Bräter mit Küchenpapier auswischen und das restliche Olivenöl darin erhitzen. Pilze und Serrano-Schinken bei starker Hitze anbraten, mit Pfeffer und wenig Salz würzen. Fond dazugeben und die Pilze darin etwa 5 Minuten garen. Mit der in wenig kaltem Wasser angerührten Stärke leicht binden. Die Keule mit den Pilzen auf einer Platte oder im Bräter anrichten. Vor dem Servieren die Petersilie über die Pilze streuen.

Zubereitungszeit: 4 1/2 Stunden
Pro Portion (bei 12 Portionen)
48 g E, 29 g F, 3 g KH = 474 kcal (1980 kJ)

Knoblauch-kartoffeln

Für 10–12 Portionen:

2 kg kleine fest kochende Kartoffeln
3 El grobes Meersalz
4 Lorbeerblätter
5 Knoblauchzehen
4 El Olivenöl

1. Kartoffeln unter fließendem Wasser gründlich abbürsten. In Salzwasser mit den Lorbeerblättern in 25–30 Minuten gar kochen.

2. Inzwischen die Knoblauchzehen pellen, grob zerschneiden, durchpressen und mit Olivenöl verrühren.

3. Kartoffeln abgießen, ausdämpfen lassen und vor dem Servieren mit dem Knoblauchöl beträufeln. Zum Schweinebraten servieren.

Zubereitungszeit: 40 Minuten
Pro Portion (bei 12 Portionen)
3 g E, 3 g F, 20 g KH = 127 kcal (532 kJ)

Ziegenkäse mit Datteln

Für 10–12 Portionen:

200 g frische Datteln
600 g cremiger Ziegenfrischkäse
Pfeffer
3 Blatt weiße Gelatine
300 g Feigensenf (Feinkostladen)

1. Datteln häuten, entkernen und in kleine Stücke schneiden. Ziegenkäse in einem Küchentuch sehr gut ausdrücken, dann mit den Dattelstücken verrühren und mit Pfeffer würzen. Käsecreme 2,5 cm hoch in eine Form (20x12 cm) füllen, die Oberfläche glatt streichen. Käse kalt stellen.

2. Gelatine kalt einweichen. Feigensenf bei sehr milder Hitze erwärmen. Gelatine ausdrücken und darin auflösen. Leicht abkühlen lassen, auf der Ziegenkäsecreme verteilen und glatt streichen. Abgedeckt bis kurz vorm Servieren kalt stellen. Käsecreme in ca. 2 cm große Würfel schneiden, auf Platten anrichten.

Zubereitungszeit: 45 Minuten (plus Kühlzeit)
Pro Portion (bei 12 Portionen)
11 g E, 10 g F, 11 g KH = 182 kcal (763 kJ)

Honigfrischkäse mit Mandelkrokant

Für 10–12 Portionen:

Mandelkrokantblätter
100 g Butter
80 ml Orangensaft (frisch gepresst)
300 g Zucker
110 g Mehl
220 g Mandeln (gemahlen)
Frischkäsecreme
500 g Ricotta (italienischer Frischkäse)
250 g Magerquark
80 g Dattel- oder Pinienhonig

1. Für die Krokantblätter die Butter bei milder Hitze mit Orangensaft erwärmen. Zucker darin auflösen. Mit Mehl und Mandeln zu einer geschmeidigen Teigmasse verrühren, abgedeckt 30–40 Minuten abkühlen lassen.

2. Die Hälfte der Mandelmasse mit befeuchteten Händen 2 mm dünn auf ein mit Backpapier ausgelegtes Backblech (38x30 cm) streichen. Im vorgeheizten Backofen bei 200 Grad (Gas 3, Umluft 5–6 Minuten bei 180 Grad) auf der 2. Einschubleiste von unten in 6–8 Minuten goldbraun backen. Herausnehmen und 1 Minute abkühlen lassen.

3. Teigplatte in 18 Rechtecke à 10x6 cm schneiden, Randabschnitte zerbröseln und zum Bestreuen aufbewahren. Den Vorgang mit dem restlichen Teig wiederholen. Gebäck in einem luftdichten Behälter zwischen Pergamentpapier aufbewahren.

4. Für die Frischkäsecreme den Ricotta und Magerquark über Nacht abtropfen lassen. Ricotta und Quark mit Honig verrühren, die Creme bis zum Anrichten kalt stellen.

5. Creme in einen Spritzbeutel mit Sterntülle Nr. 10 füllen und auf 12 Krokantblätter spritzen. Das Birnenpüree (siehe folgendes Rezept) auf der Creme verteilen, die Mandelbrösel darüber streuen. Restliche Krokantblätter als Deckel darauf legen. Restliches Birnenpüree separat dazu servieren.

Zubereitungszeit: 2 Stunden
(plus Abtropf- und Kühlzeiten)
Pro Portion (bei 12 Portionen)
12 g E, 22 g F, 39 g KH = 406 kcal (1699 kJ)

MANDELCREME KARAMELLISIEREN
Wer in seinem Haushalt keine Lötlampe zur Verfügung hat, kann die Mandelcreme auch kurz unter den sehr heißen Grill stellen – dabei besteht allerdings die Gefahr, dass die Creme flüssig wird. In Spanien werden zum Karamellisieren spezielle Brandeisen verwendet.

Birnenpüree mit Vanille

Für 10–12 Portionen:

2 Vanilleschoten
5 Birnen (à 200 g)
3 El Zitronensaft
120 g Zucker
100 ml Weißwein
2 El Birnengeist

1. Vanilleschoten aufschlitzen und das Mark herauskratzen. Birnen schälen, vierteln, entkernen, in grobe Stücke schneiden und mit Zitronensaft beträufeln.

2. Birnen mit Vanilleschoten, -mark, Zucker und Weißwein aufkochen und bei milder Hitze 35 Minuten offen kochen lassen. Vanilleschoten entfernen. Birnen mit Birnengeist würzen und sehr gut pürieren. Das Püree abgedeckt kalt stellen.

Zubereitungszeit: 45 Minuten (plus Kühlzeit)
Pro Portion (bei 12 Portionen)
0 g E, 0 g F, 21 g KH = 92 kcal (384 kJ)

Gebrannte Mandelcreme

Für 10–12 Portionen:

150 g Mandelblättchen
2 Zimtstangen
1,2 l Milch
100 g Mandelstifte
200 g Puderzucker (gesiebt)
6 El spanischer Brandy
5 Blatt weiße Gelatine
12 Eigelb (Kl. M)
2 Tl Zitronenschale (fein abgerieben)
50 g Speisestärke
2 Eiweiß (Kl. M)
20 g brauner Zucker

1. Mandelblättchen und Zimtstangen in einem Topf ohne Fett goldbraun rösten. Mit Milch aufgießen und unter Rühren bei milder Hitze aufkochen. Vom Herd nehmen und 6 Stunden ziehen lassen.

2. Mandelstifte in einer Pfanne ohne Fett goldbraun rösten. Mit 10 g Puderzucker und 2 El Brandy verrühren. Eine flache, feuerfeste Form mit den marinierten Mandelstiften ausstreuen.

3. Gelatine kalt einweichen. Eigelb, 150 g Puderzucker und Zitronenschale mit den Quirlen des Handrührers cremig-dicklich aufschlagen. Stärke unterrühren.

4. Mandelmilch einmal aufkochen und zügig durch ein Sieb in die Eigelbmasse gießen. Die Masse über dem heißen Wasserbad mit dem Schneebesen unter Rühren so lange erhitzen, bis sie zu stocken beginnt (das dauert ca. 5 Minuten). Restlichen Brandy leicht erwärmen, die Gelatine darin auflösen und zügig mit der Mandelcreme verrühren. Die Mandelcreme im Kühlschrank abkühlen lassen, dabei mehrmals durchrühren.

5. Eiweiß steif schlagen, dabei nach und nach den restlichen Puderzucker dazugeben. Eiweißcreme unter die Mandelcreme heben. Mandelcreme in die Form gießen und abgedeckt über Nacht kalt stellen.

6. Zum Servieren den Zucker über die Creme streuen und mit Hilfe einer Lötlampe karamellisieren. Sofort servieren. Dazu passen Apfelpüree, Orangensauce und marinierte Feigen (siehe folgende Rezepte).

Zubereitungszeit: 1 Stunde
(plus Marinier- und Kühlzeit)
Pro Portion (bei 12 Portionen)
12 g E, 23 g F, 28 g KH = 376 kcal (1576 kJ)

Apfelpüree mit Safran

Für 10–12 Portionen:

**5 grüne, säuerliche Äpfel
(à ca. 160 g)
Saft von 1 Zitrone
100 g Zucker
150 ml trockener Weißwein
10 Safranfäden**

1. Äpfel schälen, vierteln und die Kerngehäuse entfernen. Äpfel in grobe Stücke schneiden, mit 3 El Zitronensaft vermischen und mit 80 g Zucker bestreuen. 15 Minuten ziehen lassen.

2. Marinierte Äpfel mit Weißwein in einem Topf aufkochen und in ca. 30 Minuten bei milder Hitze offen kochen lassen, dabei ab und zu umrühren. Das Kompott in einen Mixaufsatz umfüllen und sehr gut pürieren.

3. Restlichen Zitronensaft mit restlichem Zucker und Safranfäden einmal aufkochen, vom Herd ziehen und 15 Minuten ziehen lassen. Dann mit dem Apfelpüree mischen, in eine Glasschale umfüllen und bis zum Servieren kalt stellen. Das Apfelpüree passt zur gebrannten Mandelcreme.

Zubereitungszeit: 1 1/4 Stunden
Pro Portion (bei 12 Portionen)
0 g E, 0 g F, 16 g KH = 73 kcal (304 kJ)

Orangensauce mit Granatapfelkernen

Für 10–12 Portionen:

**10 Orangen
(davon 1 unbehandelt)
1 Granatapfel (250 g)
30 g Zucker
1 kleine Zimtstange
10 g Speisestärke
30 g Honig
2–3 El Grenadinesirup**

1. 1 Orange waagerecht in Scheiben schneiden und zur Seite legen. Restliche Orangen auspressen, den Saft durch ein Sieb in einen Messbecher gießen und 700 ml abmessen. Granatapfel aufbrechen und Kerne (ohne die weißen Trennhäute) herauslösen, Granatapfelsaft dabei auffangen.

2. Zucker in einem Topf karamellisieren, mit Orangen- und Granatapfelsaft auffüllen, Zimtstange hinzufügen. In 20 Minuten offen auf 400 ml einkochen lassen.

3. Orangensauce mit der in wenig kaltem Wasser angerührten Stärke unter Rühren binden. Orangenscheiben dazugeben und die Sauce mit Honig und Grenadinesirup würzen. Leicht abkühlen lassen und Granatapfelkerne hineingeben. Bis zum Servieren abgedeckt kalt stellen. Die Orangensauce passt zur gebrannten Mandelcreme.

Zubereitungszeit: 45 Minuten
Pro Portion (bei 12 Portionen)
1 g E, 0 g F, 13 g KH = 57 kcal (240 kJ)

Marinierte Feigen

Für 10–12 Portionen:

**1 Vanilleschote
1 Kardamomkapsel
200 g getrocknete Feigen
50 g Zucker
500 ml Orangensaft
(frisch gepresst)
150 ml trockener Wermut
(z. B. Noilly Prat)
1 Lorbeerblatt
1 kleiner Stiel Thymian
1 kleiner Zweig Rosmarin
1 Gewürznelke
20 frische Feigen (à 35 g)**

1. Vanilleschote aufschlitzen, das Mark auskratzen. Kardamomkapsel andrücken. Getrocknete Feigen in kleine Stücke schneiden.

2. Zucker in einem Topf hellbraun karamellisieren, mit Orangensaft und Wermut auffüllen. Vanillestange und -mark, Kardamomkapsel, Feigenstücke, Lorbeer, Thymian, Rosmarin und Nelke hinzufügen. 10 Minuten bei milder Hitze zugedeckt kochen, bis der Zucker geschmolzen ist.

3. Feigen waschen und abtropfen lassen. Mit einem Holzspieß rundum einstechen und im Sud ca. 1 Minute sprudelnd kochen lassen. Dann im Sud abkühlen und ca. 24 Stunden darin ziehen lassen, dabei mehrmals wenden. Die marinierten Feigen passen zum Schweinebraten und zur gebrannten Mandelcreme.

Zubereitungszeit: 40 Minuten
(plus Marinierzeit)
Pro Portion (bei 12 Portionen)
2 g E, 1 g F, 26 g KH = 135 kcal (566 kJ)

Reich an Gemüse sind die
Vorspeisen des Buffets: Auberginen-
Kartoffel-Plätzchen, Tzatziki,
Gurken-Schafskäse-Salat,
Auberginenpüree und Geflügel-
Zitronen-Suppe.
Rezepte ab Seite 145

Griechische Party

Das Buffet für viele Leute ist beflügelnd und bekömmlich wie ein Urlaub unter der griechischen Sonne. Leicht und frisch schmecken Gurken-Schafskäse-Salat oder Geflügel-Zitronen-Suppe. Ohne viel Aufwand sind Hasen-Stifado und Lammschultern geschmort. Und der Mandel-Rosinen-Kuchen kann am Vortag gebacken werden. Kurzum: Ein Fest, das sich gut vorbereiten lässt

Für die Hauptgerichte werden Lammschultern in Rotwein geschmort und aus Hasenfilets ein würziger Fleischeintopf zubereitet. Als Beilagen passen gebackene Kartoffeln und gedünstete Zucchini.
Rezepte ab Seite 146

Saftig, schlicht, süß:
ein lockerer Rührkuchen als
Dessert mit vielen
Mandeln, Rosinen und weißem
Samos-Wein.
Rezept auf Seite 147

Tzatziki

Für 10–12 Portionen:

4–5 Knoblauchzehen
3 El Olivenöl
1 El Weißweinessig
Salz, Pfeffer
300 g Sahnejoghurt
300 g Magermilchjoghurt
1 Salatgurke (500 g)
1/2 Bund Dill
1/2 Bund Schnittlauch

1. Knoblauch pellen und durchpressen. Mit Olivenöl, Essig, Salz und Pfeffer verrühren. Joghurts dazugeben.

2. Gurke schälen und längs halbieren, die Kerne auskratzen. Gurke zuerst in dünne Streifen, dann in Würfel schneiden und zum Joghurt geben.

3. Dill und Schnittlauch fein schneiden und ebenfalls zum Joghurt geben. Salzen und pfeffern.

Zubereitungszeit: 30 Minuten
Pro Portion (bei 12 Portionen)
2 g E, 5 g F, 3 g KH = 70 kcal (294 kJ)

Gurkensalat mit Schafskäse

Für 10–12 Portionen:

2 Salatgurken (à 500 g)
12 El Olivenöl
100 g Schafskäse (in Lake, salzig)
3 Stiele Minze
12 schwarze Oliven
schwarzer Pfeffer

1. Gurken waschen und so schälen, dass ein Streifenmuster entsteht: jeweils einen Streifen Schale abschälen und einen Streifen stehen lassen. Dann in 2–3 mm dünne Scheiben schneiden, in eine Schüssel geben und mit Olivenöl beträufeln.

2. Schafskäse zerbröseln und über den Gurkensalat streuen. Minzblättchen von den Stielen zupfen, in feine Streifen schneiden und über den Salat streuen. Mit Oliven garnieren und mit schwarzem Pfeffer würzen. Zudecken und 20–30 Minuten kalt stellen.

Zubereitungszeit: 30 Minuten (plus Kühlzeit)
Pro Portion (bei 12 Portionen)
2 g E, 13 g F, 2 g KH = 132 kcal (552 kJ)

Auberginen-Kartoffel-Plätzchen

Für 10–12 Portionen:

1 kg Auberginen (4 Stück)
500 g Kartoffeln
Salz
100 g Parmesan (im Stück)
150 g Zwiebeln
1/2 Bund Petersilie
2 Eier (Kl. M)
Pfeffer
3 Scheiben Weizentoastbrot
Öl zum Frittieren

1. Backofen auf 200 Grad (Gas 3, Umluft 200 Grad) vorheizen. Auberginen mehrmals mit einer Gabel einstechen, damit sie im Ofen nicht platzen. Auberginen 30 Minuten im Ofen garen.

2. Kartoffeln in Salzwasser 20 Minuten kochen, pellen und durch die Kartoffelpresse drücken.

3. Auberginen aus dem Ofen nehmen, schälen und in kleine Stücke schneiden. Auf Küchenpapier gut abtropfen lassen, eventuell auspressen und unter die Kartoffelmasse mischen.

4. Parmesan raspeln. Zwiebeln pellen und fein hacken. Petersilie ebenfalls fein hacken. Die vorbereiteten Zutaten mit den Eiern unter die Auberginen-Kartoffel-Masse rühren, salzen und pfeffern.

5. Brot toasten und im Mixer zermahlen. Aus der Auberginen-Kartoffel-Masse mit feuchten Händen 36 kleine Plätzchen formen, in den Toastbröseln wenden und leicht andrücken.

6. Öl in einer Pfanne heiß werden lassen. Die Plätzchen darin schwimmend auf jeder Seite 2 Minuten bei mittlerer Hitze goldgelb ausbacken. Heiß, lauwarm oder kalt servieren.

Zubereitungszeit: 1 1/4 Stunden
Pro Portion (bei 12 Portionen)
6 g E, 10 g F, 11 g KH = 165 kcal (691 kJ)

AUBERGINEN
Die Eierfrüchte, wie das violette keulenförmige Gemüse auch genannt wird, schätzt man besonders in der Mittelmeerküche. Da Auberginen nur einen schwachen Eigengeschmack haben, vertragen sie viel Würze wie Rosmarin, Thymian oder Knoblauch. Und sie harmonieren wunderbar mit Zwiebeln, Zucchini, Paprika und Tomaten.

Auberginenpüree mit Schafskäse

Für 10–12 Portionen:

1,5 kg Auberginen (6 Stück)
6 Knoblauchzehen
3 El Olivenöl
1 El Weißweinessig
200 g Schafskäse (in Lake)
Salz, Pfeffer
1 Bund glatte Petersilie
75 ml Crème fraîche

1. Den Backofen auf 200 Grad (Gas 3, Umluft 200 Grad) vorheizen. Auberginen mehrmals mit einer Gabel einstechen, damit sie beim Garen nicht platzen. Auberginen 30 Minuten im Ofen garen. Knoblauchzehen pellen und durchpressen. Mit Olivenöl und Essig verrühren. Käse zerbröseln und dazugeben.

2. Auberginen aus dem Ofen nehmen, schälen, in kleine Stücke schneiden und auf Küchenpapier abtropfen lassen. Mit dem Schneidstab pürieren.

3. Püree mit dem Schneebesen unter den Schafskäse rühren. Salzen und pfeffern. 1/2 Bund Petersilie fein hacken und mit der Crème fraîche unter die Masse geben. Mit restlichen Petersilienblättern garnieren.

Zubereitungszeit: 1 1/4 Stunden
Pro Portion (bei 12 Portionen)
3 g E, 7 g F, 5 g KH = 101 kcal (425 kJ)

STIFADO
Wenn Sie keinen Hasen bekommen oder den Wildgeschmack für das Stifado nicht mögen, können Sie auch Kaninchenfilets verwenden.

Geflügel-Zitronen-Suppe mit Minze

Für 10–12 Portionen:

1 Suppenhuhn (1,5–2 kg)
2 Zitronen (unbehandelt)
2 Lorbeerblätter
1 Bund Minze
Salz
1 El Zucker
weißer Pfeffer
8 Eigelb

1. Huhn kalt abspülen, in einen großen Topf geben und mit kaltem Wasser bedecken. Zitronen dünn abschälen und auspressen. Zitronenschale zum Huhn geben, den Saft beiseite stellen. Lorbeer, 1/4 Bund Minze und 1 Tl Salz zum Huhn geben, bei kleiner bis mittlerer Hitze 1 1/2–2 Stunden leise kochen. Das Huhn aus dem Topf nehmen, den Fond durch ein feines Sieb gießen.

2. Huhn häuten. Hühnerbrüste von den Knochen lösen und in kleine Stücke schneiden. Das Schenkelfleisch von den Knochen trennen und in kleine Stücke schneiden. Hühnerfleisch mischen und beiseite stellen.

3. 1/8 l Fond beiseite stellen, den Rest (2–2 1/2 l) in einen großen Topf gießen und aufkochen lassen. Zitronensaft und Zucker dazugeben, salzen und pfeffern. Eigelb mit restlichem Hühnerfond verrühren. Restliche Minzeblättchen von den Stielen zupfen und beiseite stellen.

4. Kurz vor dem Servieren das Hühnerfleisch in den Hühnerfond geben und aufkochen lassen. Den Topf vom Herd nehmen und die Eigelbmischung mit einem Schneebesen in die Suppe rühren. Die Suppe bei milder Hitze auf den Herd stellen: Sie darf nicht mehr kochen. So lange rühren, bis das Eigelb bindet. Salzen, pfeffern und mit Minzeblättchen garnieren.

Zubereitungszeit: 2 3/4 Stunden
Pro Portion (bei 12 Portionen)
22 g E, 10 g F, 2 g KH = 203 kcal (847 kJ)

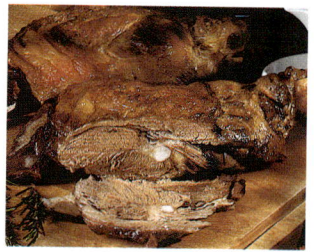

Geschmorte Lammschulter mit Rotwein

Für 10–12 Portionen:

12 Schalotten
6 Knoblauchzehen
4 El Olivenöl
2 Lammschultern (à 1,2 kg)
1 Zweig Rosmarin
1 Stiel Thymian
300 ml trockener Rotwein
400 ml Lammfond
Salz, Pfeffer
8 g Butter
8 g Mehl

1. Schalotten pellen und halbieren. Knoblauchzehen pellen. Backofen auf 160 Grad (Gas 1–2, Umluft 150 Grad) vorheizen. Öl in einem großen Bräter erhitzen und die Lammschultern darin von allen Seiten 1–2 Minuten anbraten, dann aus dem Bräter nehmen. Schalotten und Knoblauch dazugeben und 1–2 Minuten andünsten. Rosmarin und Thymian dazugeben, mit Rotwein und Lammfond auffüllen.

2. Lammschultern salzen und pfeffern, mit der runden Seite nach oben in den Bräter legen. Im offenen Bräter auf der untersten Einschubleiste 1 Stunde, 40 Minuten (Umluft 1 Stunde, 30 Minuten) schmoren lassen.

3. Butter und Mehl gut verkneten. Die Lammschultern aus dem Bräter nehmen und auf die Fettpfanne legen. Im ausgeschalteten Ofen warm halten.

4. Rotweinsud durch ein Sieb gießen. Schalotten und Knoblauchzehen mit einem Spatel durch das Sieb in den Fond streichen. Fond bei mittlerer Hitze aufkochen lassen und mit Mehlbutter binden. 2–3 Minuten kochen lassen. Mit den Lammschultern servieren.

Zubereitungszeit: 2 Stunden
Pro Portion (bei 12 Portionen)
31 g E, 26 g F, 2 g KH = 389 kcal (1628 kJ)

Hasen-Stifado

Für 10–12 Portionen:

500 g Zwiebeln
6 Knoblauchzehen, 8 El Olivenöl
3 El Tomatenmark
6 Lorbeerblätter
(möglichst frisch)
1 Bund Thymian
400 ml Wildfond
1–2 El Balsamessig
(Aceto balsamico)
Salz, schwarzer Pfeffer
750 g Hasenrückenfilets

1. Zwiebeln pellen, halbieren und in 2–3 mm dünne Scheiben schneiden. Knoblauch pellen und in dünne Scheiben schneiden. 4 El Olivenöl in einem Topf erhitzen. Zwiebeln und Knoblauch dazugeben und 1–2 Minuten dünsten. Tomatenmark, 3 Lorbeerblätter und 2 Stiele Thymian dazugeben und mit Wildfond ablöschen. 3/4 l Wasser dazugießen und 30 Minuten bei kleiner bis mittlerer Hitze auf die Hälfte einkochen lassen. Vom Herd nehmen und mit Balsamessig, Salz und Pfeffer würzen.

2. Kurz vor dem Servieren Hasenrückenfilets schräg in 1 cm dicke Scheiben schneiden. Restliches Olivenöl in einer Pfanne stark erhitzen. Fleisch kräftig pfeffern. Zwiebelfond erhitzen.

3. Fleisch in die sehr heiße Pfanne geben, 1–2 Minuten braten, nicht umrühren. Dann wenden, noch einmal 1–2 Minuten braten und mit Salz würzen. Sofort in den Zwiebelfond geben, vom Herd nehmen, mit Salz und Pfeffer würzen und mit restlichem Lorbeer und Thymian garnieren.

Zubereitungszeit: 1 1/2 Stunden
Pro Portion (bei 12 Portionen)
14 g E, 9 g F, 3 g KH = 158 kcal (660 kJ)

Zucchini mit Dill

Für 10–12 Portionen:

1/2 Bund Dill
500 g Zucchini, 30 g Butter
1 El Zucker, Salz, Pfeffer

Dill fein schneiden. Zucchini putzen, in 5–6 cm lange Stücke schneiden und längs vierteln. Butter in einem Topf erhitzen und Zucchini 3–4 Minuten darin dünsten. Zucker dazugeben und weitere 2 Minuten dünsten. Mit Salz und Pfeffer würzen. Dill dazugeben.

Zubereitungszeit: 15 Minuten
Pro Portion (bei 12 Portionen)
1 g E, 2 g F, 1 g KH = 28 kcal (117 kJ)

Gebackene Kartoffeln

Für 10–12 Portionen:

6 große Kartoffeln (750 g)
Salz, 3–4 El Olivenöl
schwarzer Pfeffer

1. Kartoffeln 20 Minuten in Salzwasser gar kochen. Den Backofen auf 220 Grad (Gas 3–4, Umluft nicht empfehlenswert) vorheizen.

2. Kartoffeln pellen und längs vierteln. Auf ein mit Öl bestrichenes Blech legen, mit Öl einpinseln, salzen, pfeffern und 10–12 Minuten auf der 2. Einschubleiste von unten backen, in den letzten 2–3 Minuten den Grill anschalten.

Zubereitungszeit: 50 Minuten
Pro Portion (bei 12 Portionen)
1 g E, 2 g F, 8 g KH = 58 kcal (244 kJ)

Mandel-Rosinen-Kuchen

Für 10–12 Stücke:

200 g Rosinen
200 ml weißer Samos-Wein
6 Zwiebäcke
6 Eier (Kl. M)
150 g Zucker
130 g Butter (zimmerwarm)
und Butter für die Form
300 g Mandeln (gemahlen)
Puderzucker zum Bestäuben

1. Rosinen mit Weißwein aufkochen und abkühlen lassen. Zwiebäcke fein mahlen.

2. Eier trennen. Eiweiß kalt stellen. Eigelb und Zucker mit den Quirlen des Handrührers cremig aufschlagen. Zwiebäcke, Butter und Mandeln mit der Eigelbmasse zu einem geschmeidigen Teig verarbeiten. Rosinen gut abtropfen lassen und in den Teig rühren.

3. Eiweiß steif schlagen, die Hälfte davon mit dem Schneebesen unter den Teig rühren, den Rest mit einem Spatel vorsichtig darunter ziehen. Den Teig in eine gefettete Springform (26 cm Ø) füllen.

4. Teig im vorgeheizten Backofen bei 170 Grad (Gas 1–2, Umluft 50 Minuten bei 150 Grad) auf der 2. Einschubleiste von unten 1 Stunde backen. Abkühlen lassen und mit Puderzucker bestreuen.

Zubereitungszeit: 1 3/4 Stunden
Pro Stück (bei 12 Stücken)
10 g E, 27 g F, 32 g KH = 417 kcal (1745 kJ)

PASSENDE GETRÄNKE
Zu den Vorspeisen und häufig auch zwischen den Gängen wird in Griechenland traditionell Ouzo, ein Anisschnaps, serviert. Sie können zu den Vorspeisen aber auch griechischen Weißwein anbieten, zum Beispiel einen Demestica. Zu den Hauptgerichten passt am besten roter griechischer Wein: Demestica gibt es auch in Rot. Und zum Rosinenkuchen können Sie starken Kaffee und griechischen Weinbrand trinken.

Vorspeisen spielen in der
marokkanischen Küche eine große Rolle.
Genießen Sie Paprikasalat mit
Ziegenkäse, Auberginenjoghurt,
gebratenen Kürbissalat und Möhrensalat
mit Granatapfelkernen. Dazu
passen Fladenbrot und zum Knabbern
zwischendurch Pinienkerne.
Rezepte ab Seite 154

Ein Fest, das berauscht durch seine Farben, Düfte und Aromen. Das liegt vor allem an den Gewürzen, die den Köstlichkeiten Exotik verleihen. Dazu zählen Kreuzkümmel, Safran, Ingwer und Kardamom. Nach den gemüsereichen Vorspeisen und süßlichscharfen Hauptgängen endet das Fest mit einem triumphalen, zuckersüßen Finale

Marokkanische Party

Duften und schmecken herrlich nach
Safran, Zimt und Nelken: Tauben
mit süßen Früchten, geschmortes Lamm
mit Datteln und Garnelen mit Linsen
und Brunnenkresse. Typische Beilage zu
den pikanten Hauptgerichten ist
Couscous mit Zucchini und Möhren.
Rezepte ab Seite 155

Traumhafte Desserts runden das marokkanische Buffet aufs Feinste ab mit gefüllten Datteln, die eine Hülle aus Kokosraspeln und Pistazien erhalten. Der Milchreis mit Orangeat und Orangenblütenwasser wird mit Orangen-Karamell serviert. Als Getränk zum Dessert passen süße Honigmilch und danach frischer Minztee.
Rezepte ab Seite 157

Paprikasalat mit Schafskäse

Für 6 Portionen:

4 rote Paprikaschoten (à 225 g)
3 gelbe Paprikaschoten (à 225 g)
20 g kleine Kapern
2 Knoblauchzehen
60 g Walnusskerne
8 El Olivenöl
3 Eier
300 g Schafskäse (Feta)
2–3 Stiele Minze
(möglichst großblättrig)
1/2 Bund glatte Petersilie
3 El Zitronensaft
Salz, schwarzer Pfeffer

1. Paprikaschoten vierteln, entkernen und mit der Hautseite nach oben auf ein Backblech legen. Etwa 6 Minuten unter dem Grill rösten, mit einem feuchten Geschirrtuch bedecken, 10 Minuten stehen lassen, häuten.

2. Paprikaschoten in 1 cm breite Streifen schneiden. Kapern in einem Sieb kalt abbrausen und abtropfen lassen. Knoblauch pellen und durchpressen.

3. Walnüsse in einer Pfanne mit 2 El Olivenöl goldbraun rösten, zum Schluss Knoblauch dazugeben. Walnüsse nach dem Abkühlen grob hacken.

4. Eier hart kochen, abschrecken und pellen. Schafskäse in 2 cm große Würfel schneiden. Jedes Käsestück in 1 Minzeblatt einschlagen.

5. Petersilie grob hacken. Paprikastreifen, Walnüsse, Petersilie und Kapern mit dem restlichen Olivenöl, Zitronensaft, Salz und grob gemahlenem Pfeffer mischen und auf einer Platte anrichten.

6. Eier halbieren und mit dem Schafskäse um den Paprikasalat herumlegen.

Zubereitungszeit: 50 Minuten
Pro Portion 17 g E, 34 g F, 11 g KH = 416 kcal (1741 kJ)

Auberginenjoghurt

Für 6–8 Portionen:

2 Knoblauchzehen
1 kg Auberginen, 8 El Olivenöl
1 El Kreuzkümmel
Salz, 6 El Zitronensaft
100 ml Schlagsahne
Cayennepfeffer
30 g Sesamsaat (geschält)
200 g griechischer Sahnejoghurt (10 %)
125 g kleine Tomaten
30 g schwarze Oliven (mit Stein)
1 Tl Paprikapulver (edelsüß)
500 g Fladenbrot

1. Knoblauch pellen und durchpressen. Auberginen putzen, schälen und in 2 cm große Würfel schneiden.

2. Olivenöl in einem breiten Topf erhitzen und den Knoblauch bei mittlerer Hitze darin andünsten. Auberginenwürfel dazugeben und etwa 5 Minuten andünsten. Mit Kreuzkümmel und Salz würzen und mit Zitronensaft ablöschen. Sahne dazugießen, alles leicht mit Cayennepfeffer bestäuben und verrühren. Im geschlossenen Topf bei milder Hitze 15–20 Minuten dünsten, ab und zu umrühren.

3. Sesam in einer Pfanne ohne Fett unter Wenden goldbraun rösten.

4. Auberginen mit dem Schneidstab zu einem glatten Püree verarbeiten, bei mittlerer Hitze unter Rühren nochmals 15 Minuten einkochen und kalt werden lassen.

5. Auberginenpüree mit dem Joghurt und 2/3 vom Sesam verrühren, dabei eventuell mit Salz und Cayennepfeffer nachwürzen.

6. Auberginenjoghurt in eine Schale füllen, einen Esslöffel in warmes Wasser tauchen und das Püree damit glatt streichen. Tomaten in Spalten schneiden und mit den Oliven auf dem Püree verteilen. Mit restlichem Sesam und Paprikapulver bestreuen. Dazu passt warmes Fladenbrot.

Zubereitungszeit: 50 Minuten (plus Kühlzeit)
Pro Portion (bei 8 Portionen)
8 g E, 20 g F, 37 g KH = 366 kcal (1535 kJ)

Marokkanischer Möhrensalat

Für 6–8 Portionen:

2 kg Möhren
70 g frische Ingwerwurzel
1 Orange (unbehandelt)
6 El Zitronensaft
100 g Lavendelhonig
1 gestrichener El Zimt (gemahlen)
Salz
Cayennepfeffer
3 El Olivenöl
1 reifer Granatapfel
1/2 Bund Koriandergrün
1 El Sumach (türkisches Gewürz)

1. Möhren schälen und auf dem Gemüsehobel in feine Streifen raspeln.

2. Ingwer schälen und fein reiben. Orangenschale dünn abreiben, 100 ml Orangensaft auspressen. Orangen- und Zitronensaft, Ingwer, Orangenschale, Honig, Zimt, Salz, Cayennepfeffer und Olivenöl verrühren. Möhren darunter heben und zugedeckt einige Stunden kalt stellen.

3. Granatapfel rund um den Stielansatz quadratisch einschneiden und den Stielansatz herausziehen. Granatapfel an dieser Stelle aufbrechen und die Kerne zwischen den Häutchen herauslösen. Koriandergrün grob hacken und mit 2/3 der Granatapfelkerne unter den Möhrensalat mischen. Den Salat mit Sumach und restlichen Granatapfelkernen bestreuen.

Zubereitungszeit: 50 Minuten (plus Marinierzeit)
Pro Portion (bei 8 Portionen)
2 g E, 4 g F, 25 g KH = 152 kcal (636 kJ)

Gebratener Kürbissalat mit Harissa

Für 8 Portionen:

1,75 kg Kürbis
(mit festem Fruchtfleisch)
12 El Olivenöl
3 El Zucker
1 Tl Kümmel (gemahlen)
Salz
3 Tl Koriander (gemahlen)
9 El Zitronensaft
150 ml Hühnerbrühe
(Rezept auf S. 155)
3 Tl Harissa
(Chilipaste, orientalischer Laden)
1 El Schwarzkümmel
3 Stiele Minze
(möglichst großblättrig)
1/2 Bund Koriandergrün

1. Kürbis dick schälen, entkernen und in 2–3 cm große Stücke schneiden. Kürbis in 3 Portionen garen: Dazu jeweils in einer großen breiten Pfanne 3 El Olivenöl erhitzen und 1/3 der Kürbisstücke darin bei mittlerer Hitze anbraten. Mit je 1 El Zucker, etwas Kümmel, Salz und 1 Tl Koriander würzen und mit 3 El Zitronensaft und 50 ml Hühnerbrühe ablöschen.

2. Jede Portion in der geschlossenen Pfanne bei mittlerer Hitze in 5–7 Minuten bissfest garen. Je 1 Tl Harissa und 1/3 El Schwarzkümmel untermischen.

3. Kürbis abkühlen lassen. Minze und Koriandergrün grob hacken, den Salat eventuell nachwürzen und restliches Olivenöl und Kräuter untermischen.

Zubereitungszeit: 50 Minuten (plus Kühlzeit)
Pro Portion 2 g E, 15 g F, 17 g KH =
217 kcal (908 kJ)

Safran-Couscous mit Gemüse

Für 8–10 Portionen:

200 g Okraschoten
3 kleine Zucchini (à 125 g)
400 g Möhren
2 Knoblauchzehen
1 3/4 l Hühnerbrühe
(siehe folgendes Rezept)
Salz, Cayennepfeffer
1 El Kreuzkümmel (gemahlen)
150 g Rosinen
2 Döschen Safranfäden
1 Tl Zimt (gemahlen)
750 g Couscous (mittelkörnig, halb vorbereitetes Produkt, aus türkischen Läden)
125 g Butter

1. Okraschoten und Zucchini putzen, Möhren schälen, Möhren und Zucchini längs halbieren. Knoblauch pellen und durchpressen. 1 l Hühnerbrühe mit Knoblauch zum Kochen bringen. Mit Salz, Cayennepfeffer und 1/2 Tl Kreuzkümmel würzen. Okraschoten und Möhren hineingeben und etwa 8 Minuten bei milder Hitze kochen, nach etwa 4 Minuten Zucchini dazugeben.

2. Restliche Hühnerbrühe mit Rosinen, Safran, restlichem Kreuzkümmel, Zimt und Salz aufkochen. Couscous hineinschütten und Butter dazugeben. Mit einem Holzlöffel verrühren, bis die Brühe aufgesogen ist. Topf mit einem Deckel verschließen und den Couscous ungefähr 7 Minuten bei milder Hitze quellen lassen, dann mit einem Holzlöffel auflockern.

3. Couscous auf eine Platte häufen. Gemüse gut abtropfen lassen, Zucchini schräg halbieren. Gemüse seitlich auf dem Couscous verteilen und sofort servieren.

Zubereitungszeit: 40 Minuten
Pro Portion (bei 10 Portionen)
9 g E, 11 g F, 65 g KH = 406 kcal (1699 kJ)

Hühnerbrühe

Für 3 Liter:

1 Bund Suppengrün (600 g)
1 Gemüsezwiebel (350 g)
1,5 kg Hühnerflügel
250 g Tomaten, Salz

1. Suppengrün putzen. Zwiebel pellen und halbieren. Hühnerflügel mit Suppengrün, Tomaten, Zwiebel und 5 l Wasser langsam zum Kochen bringen, abschäumen, salzen und 2 Stunden leise kochen lassen.

2. Ein Sieb mit einem Mulltuch auslegen. Hühnerbrühe durch das Sieb gießen, wieder zurück in den Topf geben und auf etwa 3 l einkochen lassen.

Zubereitungszeit: 3 Stunden
Pro 100 ml 0 g E, 2 g F, 0 g KH = 16 kcal (67 kJ)

ARBEITSPLAN

Am Tag vor der Party

- ☐ Auberginenjoghurt zubereiten, aber nicht dekorieren
- ☐ Garnelen marinieren und kalt stellen, Linsen kochen
- ☐ Brunnenkresse putzen und waschen
- ☐ Kürbissalat zubereiten
- ☐ Datteln füllen
- ☐ Lamm zubereiten, noch keine Petersilie dazugeben
- ☐ Hühnerbrühe kochen
- ☐ Möhren raspeln und mit der Vinaigrette mischen. Zugedeckt kalt stellen, Granatapfelkerne ausbrechen
- ☐ Milchreis kochen, noch nicht dekorieren, den Orangensirup zubereiten
- ☐ Paprikaschoten für den Salat rösten und schneiden
- ☐ Süße Früchte für die Tauben bis auf die Kräuter und die Granatapfelkerne zubereiten

Am Tag der Party

- ☐ Gurke für die Garnelen einsalzen
- ☐ Datteln in Kokos und Pistazien wälzen und mit Hagelzucker anrichten
- ☐ Möhrensalat fertig stellen, zugedeckt kalt stellen
- ☐ Paprikasalat zubereiten, anrichten und zugedeckt kalt stellen
- ☐ Gemüse für den Couscous garen

Kurz bevor die Gäste kommen

- ☐ Auberginenjoghurt dekorieren
- ☐ Garnelen mit Linsen zubereiten
- ☐ Lamm langsam erhitzen und mit Petersilie mischen
- ☐ Couscous zubereiten, Gemüse in der Brühe erhitzen
- ☐ Tauben 30 Minuten vor dem Servieren garen, die süßen Früchte erhitzen
- ☐ Milchreis fertig stellen
- ☐ Getränke zubereiten

Tauben mit süßen Früchten

Für 8 Portionen:

8 Bresse-Tauben
(à 350 g, küchenfertig)
5 grüne Kardamomkapseln
schwarzer Pfeffer
8 El Grenadinesirup
4 Quitten (à 275 g)
250 g kleine Schalotten
200 ml Hühnerbrühe
(Rezept auf S. 155)
50 g Lavendelhonig
4 El Zitronensaft
60 g Zucker
80 g Butter
150 g getrocknete Feigen
Salz
150 g geschälte Mandeln
5 El Olivenöl
3–4 größere Lorbeerzweige
1 Granatapfel
2 Stiele Minze
(möglichst großblättrig)
2 Stiele glatte Petersilie

1. Von den Tauben die Flügelspitzen und die Hälse abschneiden (eventuell für die Hühnerbrühe verwenden). Tauben, falls nötig, ausnehmen. Tauben innen und außen kalt abwaschen und trockentupfen, dann wie Hühner mit Küchengarn zusammenbinden und auf ein Backblech setzen.

2. Kardamomsamen aus den Kapseln lösen und im Mörser grob zermahlen. Kardamom mit grob gemahlenem Pfeffer und Grenadinesirup verrühren und die Tauben damit einpinseln.

3. Quitten schälen, längs halbieren und die Kerngehäuse großzügig mit einem Kugelausstecher herauslösen. Die harten Teile, die sich längs durch die Quittenhälften ziehen, herausschneiden. Schalotten pellen. Hühnerbrühe mit Honig und Zitronensaft verrühren.

4. Zucker in einem breiten Topf goldbraun schmelzen. 60 g Butter darin aufschäumen lassen. Quitten mit den Schnittstellen nach unten hineinlegen, so lange dünsten, bis sie goldbraun sind. Schalotten und Feigen dazugeben, kurz andünsten, dann die Honigbrühe dazugießen. Mit etwas Salz und reichlich grob gemahlenem Pfeffer würzen.

5. Quittenmischung im geschlossenen Topf bei mittlerer Hitze etwa 20 Minuten leise kochen lassen, dabei ab und zu wenden. Anschließend den Früchtesud im offenen Topf einkochen, bis ein glänzender Sirup entsteht. Mandeln in der restlichen Butter goldbraun rösten.

6. Tauben inzwischen mit Olivenöl beträufeln. Im vorgeheizten Backofen bei 200 Grad (Gas 3, Umluft 180 Grad) auf der 2. Einschubleiste von unten 25–30 Minuten braten; Lorbeerzweige 5 Minuten vor Ende der Garzeit dazugeben.

7. Granatapfel rund um den Stielansatz quadratisch einschneiden und den Stielansatz herauslösen. Granatapfel an dieser Stelle aufbrechen und die Kerne zwischen den Häutchen herauslösen. Minze und Petersilie grob hacken.

8. Tauben mit Lorbeer auf einer Platte anrichten. Granatapfelkerne, Kräuter und Mandeln unter die süßen Früchte mischen und mit den Tauben anrichten.

Zubereitungszeit: 2 Stunden
Pro Portion 49 g E, 73 g F, 44 g KH = 1029 kcal (4310 kJ)

Geschmortes Lamm mit Datteln

Für 6–8 Portionen:

2 kg Lammkeule (ohne Knochen)
1 Gemüsezwiebel (350 g)
2 Knoblauchzehen
1 Dose geschälte Tomaten
(800 g EW)
12 El Öl
Salz, schwarzer Pfeffer
1 El Paprikapulver (edelsüß)
1 gestrichener El Koriander
(gemahlen)
1 TI Gewürznelken (gemahlen)
3 TI Tomatenmark
250 ml Hühnerbrühe
(Rezept auf S. 155)
1 Lorbeerblatt
200 g Datteln (frisch oder TK)
1 Dose Kichererbsen (480 g EW)
1/2 Bund glatte Petersilie

1. Die Sehnen und das Fett von der Lammkeule abschneiden, das Fleisch in 50 g schwere Stücke schneiden. Zwiebel pellen und in 1 cm breite Spalten schneiden. Knoblauch pellen und durchpressen. Tomaten in einem Sieb abtropfen lassen, dabei den Saft auffangen, dann die Tomaten klein würfeln.

2. Zwiebelwürfel und Knoblauch in 3 El Öl in einem breiten Topf andünsten, dann den Topf von der Herdplatte nehmen. Das Fleisch salzen, pfeffern und in einer breiten Pfanne in 3 Portionen in jeweils 3 El Öl bei starker Hitze rundherum goldbraun anbraten, dann das Fleisch zu den Zwiebeln geben.

3. Bei mittlerer Hitze zuerst schnell das Paprika-, Koriander- und Nelkenpulver unterrühren, dann das Tomatenmark und zum Schluss die Tomatenstücke mit dem Saft untermischen. Mit Brühe auffüllen, Lorbeer dazugeben und im geschlossenen Topf 1 1/4 Stunden leise kochen.

4. Inzwischen die Datteln häuten, entkernen und in 2 cm große Stücke schneiden. Kichererbsen in einem Sieb kalt abbrausen und abtropfen lassen. Petersilie grob hacken. 5 Minuten vor Ende der Garzeit die Datteln und die Kichererbsen zum Fleisch geben, eventuell nachwürzen. Dann die Petersilie untermischen und das Lamm servieren.

Zubereitungszeit: 2 Stunden
Pro Portion (bei 8 Portionen)
56 g E, 27 g F, 26 g KH = 576 kcal (2415 kJ)

Garnelen mit Linsen und Brunnenkresse

Für 6–8 Portionen:

125 g Zwiebeln
1 Knoblauchzehe
40 g frische Ingwerwurzel
6 El Zitronensaft
350 ml Orangensaft
1 TI Paprikapulver (edelsüß)
1 TI Kurkuma
Cayennepfeffer
1/2 TI Kreuzkümmel (gemahlen)
3 El Olivenöl
1 kg Garnelen (TK, ohne Kopf und Schale, à 35 g)
100 g rote Linsen
Salz
1 Salatgurke
100 g Brunnenkresse
2 Stiele Minze
(möglichst großblättrig)

1. Am Vortag Zwiebeln pellen und fein würfeln. Knoblauch pellen und durchpressen. Ingwer schälen und fein reiben. Zitronensaft mit 3 El Orangensaft, Ingwer, Knoblauch, Zwiebeln, Paprikapulver, Kurkuma, Cayennepfeffer, Kreuzkümmel und Olivenöl verrühren.

2. Garnelen entdarmen, kalt abspülen, trockentupfen, gleichmäßig mit der Gewürzmischung mischen und mindestens 12 Stunden zugedeckt kalt stellen.

3. Am nächsten Tag Linsen im restlichen Orangensaft mit etwas Salz bei mittlerer Hitze im geschlossenen Topf 12–15 Minuten garen. Gurke schälen, längs halbieren, mit einem Teelöffel entkernen, in 2 cm breite Stücke schneiden, leicht salzen und 1 Stunde stehen lassen. Brunnenkresse putzen, waschen und trockenschleudern.

4. Garnelen mit den Linsen und Gurkenstücken in einem breiten Topf mischen. Minze grob zerschneiden. Garnelen bei mittlerer Hitze etwa 5 Minuten leise kochen lassen, nach 3 Minuten die Brunnenkresse untermischen und salzen. Die Minze unterheben und sofort servieren.

Zubereitungszeit: 45 Minuten
(plus Marinierzeiten)
Pro Portion (bei 8 Portionen)
30 g E, 6 g F, 16 g KH = 248 kcal (1036 kJ)

Frischer Minztee

1 großes Bund großblättrige Minze in ein Gefäß legen. 1 1/2 l Wasser mit 150 g Zucker zum Kochen bringen und über die Minze gießen. Etwa 10 Minuten ziehen lassen, dann die Minze herausnehmen.

Süße Honigmilch

2 l Milch mit 100 g Lavendelhonig, 2 El gemahlenem Zimt und 5 El Orangenblütenwasser verrühren und langsam erhitzen.

Gefüllte Datteln

Für 30 Stück:

60 g ganze Mandeln (geschält)
80 g Walnusskerne
40 g Butter
50 g Sesamsaat (geschält)
1 Tl Zimt (gemahlen)
40 g Zucker
1 Tl dünn abgeriebene Orangenschale (unbehandelt)
30 Datteln (frisch oder TK, à 30 g)
50 g Pistazienkerne
30 g Kokosraspel
40 g Hagelzucker

1. Mandeln und Walnüsse zusammen in 20 g Butter goldbraun rösten. Sesam in einer Pfanne ohne Fett unter Wenden ebenfalls goldbraun rösten.

2. Mandeln mit Walnüssen, Sesam, Zimt, Zucker, restlicher Butter und Orangenschale in der Küchenmaschine mit dem Schneidmesser zu einer feinen Paste verarbeiten.

3. Datteln häuten, längs nicht zu tief einschneiden und entsteinen. Nusspaste in die Öffnung füllen und Datteln wieder zusammenklappen.

4. Pistazien fein hacken. 1/3 der Datteln gleichmäßig in Pistazien, 1/3 in Kokosraspeln und 1/3 halb in Pistazien und halb in Kokosraspeln wälzen. Datteln auf einer Platte anrichten und den Hagelzucker in die Mitte streuen.

Zubereitungszeit: 1 1/2 Stunden
Pro Stück 2 g E, 6 g F, 23 g KH = 160 kcal (668 kJ)

Marokkanischer Milchreis

Für 16 Portionen:

15 grüne Kardamomkapseln
4 Vanilleschoten
250 g Rundkornreis (Milchreis)
1 l Milch
einige Tropfen Bittermandel-Aroma
6 El Orangenblütenwasser (aus Apotheken oder orientalischen Läden)
12 Blatt weiße Gelatine
200 g Zucker
80 g Pistazienkerne
100 g Orangeat
650 ml Schlagsahne
5 Orangen (davon 1 unbehandelt, à 150 g)
1 Granatapfel
je 20 g kandierte Veilchen- und Rosenblätter (aus guten Schokoladengeschäften)

1. Kardamomsamen aus den Kapseln lösen und im Mörser fein zerstoßen. Vanillemark aus den Schoten kratzen.

2. Reis mit Milch, Kardamom, Vanillemark, Mandelaroma und Orangenblütenwasser aufkochen. Im geschlossenen Topf bei milder Hitze etwa 25 Minuten kochen.

3. Gelatine in kaltem Wasser einweichen. 1/4 l Wasser mit 100 g Zucker aufkochen und von der Herdplatte ziehen. Gelatine gut ausdrücken, im warmen Zuckersirup auflösen und unter den Milchreis rühren. Reis 1 1/2–2 Stunden kalt stellen, bis er beginnt fest zu werden.

4. Inzwischen die Pistazien nicht zu fein hacken. Einige Pistazien und etwas Orangeat für die Dekoration beiseite stellen. Restliche Pistazien und Orangeat mischen und unter den leicht fest gewordenen Milchreis heben.

5. Sahne steif schlagen und locker unter den Reis heben. Eine Schüssel mit kaltem Wasser ausspülen. Milchreis hineinfüllen und mindestens 6 Stunden kalt stellen.

6. Die Schale von 1 Orange mit dem Julienreißer abziehen. Aus allen Orangen etwa 400 ml Saft auspressen. Restlichen Zucker zu goldbraunem Karamell schmelzen. Orangenschale kurz darin erhitzen. Mit Orangensaft auffüllen und ungefähr 10 Minuten leise kochen lassen.

7. Die Schüssel mit dem Milchreis kurz in heißes Wasser stellen. Reis am Rand mit einem Messer lösen und auf die Servierplatte stürzen.

8. Granatapfel rund um den Stielansatz quadratisch einschneiden und den Stielansatz herausziehen. Granatapfel an dieser Stelle aufbrechen und die Kerne zwischen den Häutchen herauslösen.

9. Milchreis mit etwas Orangensirup beträufeln und mit Veilchen- und Rosenblättern, Granatapfelkernen, Orangeat und Pistazien dekorieren. Den restlichen Sirup um den Milchreis verteilen.

Zubereitungszeit: 1 1/2 Stunden
(plus Kühlzeiten)
Pro Portion 6 g E, 17 g F, 39 g KH = 338 kcal (1419 kJ)

MINZE
Verwenden Sie zu den marokkanischen Rezepten möglichst helle, großblättrige Minze: Sie ist wesentlich aromatischer als die dunkle, kleinblättrige Sorte.

A

Aal in Tomatensauce **59**

Apfelpüree mit Safran **139**

Artischocken, frittierte **10**

Artischocken, gefüllte **17**

Artischocken mit Reisfüllung **77**

Artischocken-Omelett **79**

Artischockensalat mit Rosmarinfladen **39**

Auberginen, gefüllte **10**

Auberginenjoghurt **154**

Auberginen-Kartoffel-Plätzchen **145**

Auberginenpüree mit Schafskäse **146**

B

Birnenpüree mit Vanille **138**

Blätterteigpizza mit Gorgonzola **13**

Brottaschen, gebratene **16**

Bulgursalat mit gegrillten Gemüsen **42**

Bunte Gemüse mit Gurkenjoghurt **69**

C

Cannelloni mit Wildfüllung **136**

Chicoree-Frisee-Salat
   mit gebackenem Büffel-Mozzarella **40**

Crespelle mit Pfirsichkompott **127**

Crespelle mit Spinat **70**

D

Datteln, gefüllte **157**

Dorade, gebratene **49**

E

Eingelegte Safran-Schalotten **22**

Eingelegte Sardellen **136**

Ente mit süß-saurer Sauce **115**

Erbsensuppe, klare **26**

Erdbeer-Tiramisu **124**

F

Feigen, marinierte **139**

Fischtopf, mediterraner **51**

Fladenbrote **11**

Frischer Minztee **157**

Frittierte Artischocken **10**

G

Garnelen mit Linsen und Brunnenkresse **156**

Gazpacho **32**

Gebackene Kartoffeln **147**

Gebrannte Mandelcreme **138**

Gebratene Brottaschen **16**

Gebratene Dorade **49**

Gebratener Kürbissalat mit Harissa **154**

Geflügel-Zitronen-Suppe mit Minze **146**

Gefüllte Artischocken **17**

Gefüllte Auberginen **10**

Gefüllte Datteln **157**

Gefüllte kleine Paprikaschoten
   in Orangen-Minze-Vinaigrette **68**

Gefüllte Polenta **94**

Gefüllte Tomaten **62**

Gefüllte Weinblätter **12**

Gefüllte Zucchiniblüten **10**

Gemüse, bunte, mit Gurkenjoghurt **69**

Gemüsegratin **78**

Gemüse, grünes,
   mit Tomatenröstbrot und Thunfischsauce **65**

Gemüse-Lasagne mit Basilikumsauce **97**

Gemüse-Pot-au-feu **29**

Gemüsesuppe, griechische **26**

Geschmorte Lammschulter mit Rotwein **146**

Geschmorte Rippchen mit Fenchel **90**

Geschmortes Lamm mit Datteln **156**

Gespickter Seeteufel **56**

Goldbrasse mit Fenchel **52**

Gorgonzola-Walnuss-Terrine **23**

Gratinierter grüner Spargel **10**

Griechische Gemüsesuppe **26**

Grüne Sauce **11**

Grünes Gemüse
   mit Tomatenröstbrot und Thunfischsauce **65**

Gurkensalat mit Schafskäse **145**

H

Hasen-Stifado **146**

Honigfrischkäse mit Mandelkrokant **138**

Honigmilch, süße **157**

Hühnerbrühe **155**

Huhn, marokkanisches **112**

J

Jungschweinkeule mit Pilzen **137**

K

Kabeljau auf süß-saurer Peperonata **58**

Kabeljau und Tomaten aus dem Ofen **46**

Kadayif **124**

Kaninchenrouladen **116**

Kaninchenrückenfilets mit Ziegenfrischkäse **113**

Kaninchen-Tomaten-Päckchen **119**

Kartoffeln, gebackene **147**

Kartoffelpüree mit getrockneten Tomaten **105**

Kartoffelsalat, lauwarmer, mit Ziegenkäse **38**

Kichererbsen mit Huhn und Seeteufel **137**

Klare Erbsensuppe **26**

Kleine gefüllte Paprikaschoten
in Orangen-Minze-Vinaigrette **68**

Knoblauchkartoffeln **138**

Knoblauch-Kartoffelpüree **99**

Kräuter-Gnocchi mit Peperonata **74**

Kürbissalat, gebratener, mit Harissa **154**

L

Lammfilets im Mangoldmantel **85**

Lamm, geschmortes, mit Datteln **156**

Lammkeule mit Oliven und Lavendel **87**

Lammkoteletts mit Ofentomaten **84**

Lamm mit Joghurt und Tomatensauce **88**

Lammragout mit Zitronensauce **82**

Lammschulter, geschmorte, mit Rotwein **146**

Lauwarmer Kartoffelsalat mit Ziegenkäse **38**

Linseneintopf mit Meeresfrüchten **31**

Luftgetrocknetes Rindfleisch mit Champignons **22**

M

Mandelcreme, gebrannte **138**

Mandel-Gemüse-Sauce **135**

Mandel-Rosinen-Kuchen **147**

Marinierte Feigen **139**

Marinierter Porree mit Chili und Korinthen **16**

Marinierte Tomaten mit Schafskäsefladen **73**

Marokkanischer Milchreis **157**

Marokkanischer Möhrensalat **154**

Marokkanisches Huhn **112**

Mediterraner Fischtopf **51**

Milchreis, marokkanischer **157**

Minztee, frischer **157**

Möhrensalat, marokkanischer **154**

Muschelsuppe mit Fenchel **30**

N

Nudeln mit Steinpilzen **100**

O

Ofengemüse mit Ziegenfrischkäse **62**

Oliven-Kräuter-Spaghetti mit Thunfisch **107**

Orangenflan mit Obst **128**

Orangensauce mit Granatapfelkernen **139**

Orecchiette mit dicken Bohnen **95**

P

Paella **105**

Panna cotta mit Orangensauce **129**

Paprikasalat mit Schafskäse **154**

Paprikaschoten, kleine gefüllte,
in Orangen-Minze-Vinaigrette **68**

Polenta, gefüllte **94**

Porree, marinierter, mit Chili und Korinthen **16**

R

Ricottacreme mit Feigen **122**

Riesengarnelen im Kräutersud **48**

Rigatoni mit Bohnenragout **102**

Rinderfilet in Tomaten-Minze-Sauce **16**

Rindfleisch, luftgetrocknetes, mit Champignons **22**

Rippchen, geschmorte, mit Fenchel **90**

Risotto mit Riesengarnelen und Tomaten **101**

Röstbrot mit Wurst **22**

Rosmarinkartoffeln **89**

S

Safran-Couscous mit Gemüse **155**

Safran-Schalotten, eingelegte **22**

Sardellen, eingelegte **136**

Sauce, grüne **11**

Schweinsragout **89**

Seeteufel, gespickter **56**

Seeteufel-Saltimbocca **55**

Spargel, gratinierter grüner **10**

Steinbutt auf Muscheln **53**

Steinpilzrisotto **98**

Stubenküken mit Safran-Artischocken **111**

Süße Honigmilch **157**

T

Tarte Tatin mit Tomaten **66**

Tauben mit süßen Früchten **156**

Thunfischsalat mit weißen Bohnen **43**

Tomatenbrot **135**

Tomaten, gefüllte **62**

Tomaten, marinierte, mit Schafskäsefladen **73**

Tomatensalat mit Tintenfisch **37**

Tomatensauce **11**

Tzatziki **145**

W

Weinblätter, gefüllte **12**

Z

Ziegenkäse mit Datteln **138**

Zucchiniblüten, gefüllte **10**

Zucchini mit Dill **147**

Zucchinitarte mit Orangenkaramell **19**

ZUCCHINIBLÜTEN
An kleinen Zucchini befinden sich noch die orange-grünen Blüten. Sie sind zart und süß und schmecken gefüllt, frittiert oder in Teig gebacken.

———